GEERT MAK

Was, wenn Europa scheitert

Aus dem Niederländischen von
Gregor Seferens

Pantheon

Die niederländische Originalausgabe ist 2012
unter dem Titel *De hont van Tišma. Wat als Europa klapt?*
bei Uitgeverij Atlas, Amsterdam, erschienen.

MIX
Papier aus verantwortungsvollen Quellen
FSC® C083411
FSC www.fsc.org

Verlagsgruppe Random House FSC-DEU-100
Das für dieses Buch verwendete FSC®-zertifizierte
Papier *Lux Cream* liefert Stora Enso, Finnland.

Der Pantheon Verlag ist ein Unternehmen der
Verlagsgruppe Random House GmbH.

Erste Auflage
September 2012

Umschlaggestaltung: Büro Jorge Schmidt, München
Lektorat: Margret Trebbe-Plath
Satz: Ditta Ahmadi, Berlin
Druck und Bindung: CPI – Clausen & Bosse, Leck
Printed in Germany
ISBN 978-3-570-55198-1

www.pantheon-verlag.de

I

Es war im Winter 1999. Das ehemalige Jugoslawien lag hoffnungslos in Trümmern. Die freundliche Donaustadt Novi Sad war immer wieder von den Alliierten bombardiert worden, die Brücken hingen zerstört im Fluss. Die Bewohner der Stadt standen an den schneebedeckten Ufern, voller Bestürzung. Über den Krieg, über ihre verwüstete Welt, über das Unvorstellbare, das sie sich selbst angetan hatten. Ich besuchte den alten Aleksandar Tišma, einen der bedeutendsten jugoslawischen Autoren. Er wohnte gleich um die Ecke, er ist 2003 gestorben.

Als ich ihn fragte, wie er sich fühle in diesem verlorenen Land, da erzählte er mir eine Geschichte über seinen Hund Jackie. Eines Tages im Winter war das Tier weggelaufen, die Donau entlang, und irgendwie war es auf eine Eisscholle geraten. Kinder aus der Nachbarschaft waren gekommen, um ihn zu holen. »Herr Tišma, Ihr Hund ertrinkt!« Er rannte hin, rief den Hund immer wieder bei seinem Namen, aber das Tier blieb auf der Scholle hocken, wie erstarrt. Jackie befand sich in einem Schockzustand. Schließlich gelang es einem der Kinder, ihn beim Nackenfell zu packen, und die Geschichte nahm ein glückliches Ende.

»So ergeht es zur Zeit auch uns«, sagte Tišma. »Wir hocken wie erstarrt auf einer Eisscholle, wir wissen nicht, wie wir uns verhalten sollen, und gleichzeitig treiben wir den Strom hinab.«

In diesen Monaten muss ich oft an Tišmas Hund auf seiner Eisscholle denken. Historische Ereignisse werden von denen, die dabei sind, selten als historisch erlebt. Und das ist auch gut so, denn ohne die Ruhe unserer alltäglichen Beschäftigungen würden wir vor lauter Sorgen und Nervosität wahnsinnig werden. Unser ganz normales Leben ist von einer gewaltigen Kraft; es lässt sich nicht so leicht aus der Bahn werfen, auch nicht wider besseres Wissen. Doch dieser Hang zur Beständigkeit in turbulenten Zeiten hat auch eine Kehrseite: Je tiefgreifender die Konsequenzen neuer Entwicklungen für unser alltägliches Leben sind, umso stärker neigen wir dazu, den Blick abzuwenden. Wir ziehen es vor, einfach immer weiterzugehen, wie ein kopfloses Huhn, auf unseren ausgetretenen Pfaden.

Vor Jahren verbrachte ich einmal anderthalb Tage in den Kellern der Wiener Hofburg, in der warmen Geschlossenheit der Nationalbibliothek, um nachzuvollziehen, wie der durchschnittliche Wiener im Sommer des Jahres 1914 hinter seiner Zeitung oder beim Kaffee die heraufziehende Katastrophe des Ersten Weltkriegs erlebte. Ich tat dies mithilfe des gebundenen Jahrgangs der Stadtausgabe der *Neuen Freien Presse* und machte eine verblüffende Entdeckung: Auch damals ging alles noch wochenlang seinen üblichen Gang. Die Titelseiten waren beherrscht von der Frage, wer zur Beerdigung des ermordeten Thronfolgers und seiner Frau eingeladen war und wer nicht, an der Börse machte sich eine schläfrige Sommerstimmung breit, Fürsten und wichtige Staatsleute fuhren in die Sommerfrische.

Erst einen Monat später erreichte die Unruhe die Zeitungsseiten mit aller Macht. Aber durch die Katastrophenmeldungen hindurch war immer noch der eiserne Rhythmus der alltäglichen Anzeigen zu vernehmen, in denen zum Beispiel die figurverschönernde Wirkung von Feschoform Büstenbalsam angepriesen wurde. Es bleibt mir unvergesslich: die Zeitung vom Montag, dem 3. August 1914, Deutschland erklärt Russland den Krieg, aber die Feschoform-Werbung geht einfach weiter.

Das damalige Wien war eine Welt voller Sicherheiten, schrieb Stefan Zweig in seinen Erinnerungen, eine Welt, die immer so weiterzugehen schien, und dennoch war plötzlich alles vorbei, endgültig, »eine tragische Folge jenes inneren Dynamismus, der sich in diesen vierzig Jahren Frieden aufgehäuft hatte«.

Die Gefahr ist groß, dass uns dasselbe widerfährt. Dass uns das gesamte europäische Projekt, dieses kostbare Erbe früherer Generationen von Europäern, unbemerkt aus den Händen gleitet. Und dass dadurch, so wie Zweig es beschreibt, auch unsere Welt aus selbstverständlichen Sicherheiten in Scherben zerbricht.

Ich beginne mit diesen Notizen in Berlin. Es ist Ende November 2011. Ich sitze an einem Fenstertisch im alten Hotel Savoy in der Fasanenstraße, hypermodern im Jahr 1930 und sich seitdem immer treu geblieben, als sei in den Jahren danach nichts passiert. Henry Miller und Thomas Mann haben hier gewohnt, die Russen kämpften in den Straßen, die Briten hatten hier ihr Hauptquartier, und immer waren die Tische blütenweiß, die Servietten spitz gefaltet und die Schürzen der Zimmermädchen steif vor Stärke. So auch heute.

Im Foyer sitzt Herr Wulfert wie ein Felsen hinter seinem Tresen, und er wird auch weiterhin all seine Gäste erkennen und begrüßen, bis in alle Ewigkeit.

Das ist die sichere Welt, in der ich schreibe, die Welt des Savoy im Jahr 2011. Lange lebten wir in dem Glauben, dies sei unsere wirkliche Welt. Doch aus diesem Traum wurden wir gewaltsam geweckt – die Schlagzeilen der *Berliner Zeitung* und des *Tagesspiegel* machen keinen Hehl daraus, Tag für Tag. In Europa war es Dutzende von Jahren ziemlich ruhig, und so entstand die Vorstellung, dass unser europäisches Gesellschaftssystem und unsere westliche Weltordnung in höchstem Maße stabil sind. Das ist ein großer Irrtum. Denn schließlich hat die Geschichte des zwanzigsten Jahrhunderts wiederholt gezeigt, dass das Unvorstellbare von einem Moment auf den anderen unausweichlich werden kann. Und dass die Umwälzungen dann in erstaunlich großer Geschwindigkeit einsetzen. Das gilt auch für die Gegenwart.

Was wir gerade erleben, ist keine gewöhnliche Krise. Es ist ein Übergang, ein Übergang in eine andere historische Phase, eine Krise, die die Grundlagen unserer westlichen Gesellschaften berührt. Die amerikanische Hegemonie zerbröckelt, und vermutlich wird China in zehn, zwölf Jahren die

Rolle der größten Wirtschaftsmacht übernommen haben. In der arabischen Welt sind Volksbewegungen entstanden, die – bei allem Unterschied – an die europäischen Revolutionen der Jahre 1848, 1918 und 1989 erinnerten, und haben einen politischen Wandel erzwungen, von dem wir noch nicht wissen, wohin er führen wird. Was immer aus diesen demokratischen Umwälzungen hervorgehen wird, sie stellen die größte Herausforderung für die europäische Außenpolitik seit dem Fall des Eisernen Vorhangs dar.

Gleichzeitig sieht Europa sich mit einem zutiefst maroden Bankensektor, mit sich rasch verschlechternden Wirtschaftsprognosen, zunehmenden Spannungen zwischen Nord und Süd, skeptischen Bürgern und einem Mangel an Führungswillen konfrontiert. Diese Mischung explodiert nun im Euroraum, dessen Einheitswährung ohne die notwendige Spannkraft geschaffen wurde, welche es ihr ermöglichen würde, schwere Zeiten zu überstehen, und der nicht über die Strukturen für eine schnelle Entscheidungsfindung verfügt. Ulrike Guérot, die Leiterin des Berliner Büros des European Council on Foreign Relations vergleicht die Europäische Union mit der ehemaligen Sowjetunion: Auch das europäische Projekt als Ganzes kann schnell untergehen, wenn der Euro scheitert.

Währenddessen spielt auf dem Promenadendeck das europäische Schiffsorchester weiter, als sei alles in bester Ordnung. In diesem Moment steht Griechenland von den 126 Staaten, die von den Ratingagenturen bewertet werden, auf Platz 126 und ist damit das am wenigsten kreditwürdige Land der Welt. Dennoch weigern sich die Wortführer und Politiker in Brüssel noch immer, öffentlich über einen Bankrott Griechenlands zu sprechen, und nur wenige wagen es, über einen Austritt des Landes aus der Eurozone zu spekulieren. Auch in Spanien wackeln die Banken. Alles unter Kontrolle, ruft die Regierung, doch niemand fügt hinzu, dass man nichts oder nur wenig über das Tun und Lassen der regionalen Verwaltungen und die unsicheren Kredite der zahllosen lokalen Banken weiß. Das Vertrauen in Italien ist ebenfalls stark geschrumpft; die Zinsen für Staatsobligationen steigen rasant in unbezahlbare Höhe. Portugal und Irland stehen bereits unter strenger Aufsicht. Und auch was Frankreich angeht, kommen allmählich Zweifel auf.

Hinter verschlossenen Türen wird die Stimmung von Tag zu Tag erbitterter. Banken und große Konzerne arbeiten heimlich an Szenarien für einen möglichen Zerfall der Eurozone. Doch nach außen wird jeder Strohhalm als Durchbruch präsentiert. Panik muss um jeden Preis verhindert werden.

Aus den Kabinen unter Deck, aus dem Europa der ganz normalen Leute, ertönen inzwischen immer lautere Alarmsignale. Ein Freund schreibt mir aus Südspanien, er könne die Bibliothek kaum noch nutzen, weil der Strom abgeschaltet worden sei. Die Gemeinde sei pleite. Die Beamten hätten seit Juli kein Geld mehr bekommen. Bekannte aus Griechenland berichten von alten Menschen, die nicht mehr wissen, wovon sie leben sollen. Um von den alltäglichen Problemen infolge von Stromsperren – auch dort –, Treibstoffmangel und rasch wachsender Armut gar nicht erst zu reden. Überall werden Leute entlassen, Menschen werden aus ihren Wohnungen geworfen, neue Arbeit ist nirgendwo zu finden.

In Irland erhalten Krankenschwestern, Lehrer, Müllmänner und andere Angestellte des öffentlichen Dienstes ein Fünftel weniger Gehalt. Das wirtschaftliche Wachstum hat sich erneut halbiert. Die strengen Maßnahmen, die Deutschland, die Niederlande und die Europäische Zentralbank (EZB) dem Land auferlegt haben, nahmen allen Verbesserungsmöglichkeiten die Luft, meldet das Economic and Social Research Institute aus Dublin: »Die aktuelle Situation enthält Elemente, die an die Politik während der großen Weltwirtschaftskrise in den dreißiger Jahren erinnern, als man auf eine heraufziehende Rezession mit altmodischer Rechtschaffenheit reagierte, was zu einer großen Armut führte, die vermeidbar gewesen wäre.«

Für die meisten Menschen in den Niederlanden und in Deutschland ist die Krise immer noch etwas Abstraktes, wie ein Unwetter, das in der Ferne droht, das uns aber noch nicht erreicht hat. Beide Länder verdienten bis vor Kurzem gut an der Krise, sowohl an deren Ursachen als auch an deren Folgen – auch wenn man das nie öffentlich zugeben würde. Unsere Wirtschaft florierte, unter anderem dank des Exports nach Griechenland und in andere Seifenblasenökonomien. Re-Define, ein Forschungsinstitut in Brüssel, hat errechnet, dass die Niederlande im Zeitraum von 2007 bis 2011 infolge der Krise 7,5 Milliarden Euro Gewinn gemacht haben, weil sie viel geringere Zinsen als sonst zahlen mussten. Vor lauter Panik hatten die Anleger massenhaft Zuflucht im sicheren Norden gesucht. Für Deutschland betrug der Gewinn 15 bis 20 Milliarden Euro. Der deutschen Wirtschaft geht es heute um etwa 25 Prozent besser als vor fünf Jahren, und das nicht nur, weil die Deutschen so brav und fleißig sind, sondern vor allem aufgrund der Krise in anderen europäischen Ländern. Das Land hat nach Schätzungen der Bankenwelt etwa 100 Milliarden Euro daran verdient.

Bei meinem Aufenthalt in Berlin nahm ich, zusammen mit einigen Schriftstellern und Politikern, an einer Diskussion über das heutige Europa teil, die in der dortigen Landesvertretung von Nordrhein-Westfalen stattfand. Im Foyer roch es nach Glühwein und Gemütlichkeit, in den Besprechungsräumen waren alle gleichermaßen besorgt – übrigens auch hinsichtlich des eigenen deutschen Standpunkts und dessen möglichen Folgen. Von den deutschen Teilnehmern erfuhr ich, dass eine starke Fraktion innerhalb der Bundesbank nie an ein Gelingen des Europrojekts geglaubt hatte. Jetzt nahmen sie die Gelegenheit beim Schopfe. Berlusconis Haltung im Sommer 2011 war für viele Politiker der Tropfen, der das Fass zum Überlaufen brachte. Der italienische Ministerpräsident hatte versprochen, strenge Sparmaßnahmen zu ergreifen, woraufhin die EZB italienische Staatsanleihen kaufte, um Druck von dem überschuldeten Land zu nehmen. Anschließend zog Berlusconi seine Einsparungspläne wieder zurück. Da reichte es den Deutschen.

Nur die Polen in unserer Runde bewahrten sich eine gewisse Fröhlichkeit. Ihrem Land ging es überraschend gut, und außerdem hatten sie schon so viel erlebt, dass eine Krise mehr oder weniger sie nicht erschüttern konnte. Ihre Zeitungen berichteten mit einigem Staunen über die Verzweiflung der Griechen: »Uns ging es in den achtziger Jahren noch viel schlechter, und wir haben es auch geschafft!«

Und die Gefühle anderer Außenstehender sind ebenfalls gemischt, wie ich den Nachrichten entnehme. Die Türken, die man immer am langen Arm hat zappeln lassen, sind zu höflich, als dass sie ihre Schadenfreude zeigten, aber es gibt sie: Während die Griechen Europa in den Abgrund zu reißen drohen, liegt das Wachstum in der Türkei derzeit bei gut zehn Prozent. Die Briten beobachten die Entwicklung mit kühler Distanziertheit, obwohl ihre Wirtschaft durch eine große europäische Krise auch schwer in Mitleidenschaft gezogen würde. Nach Ansicht des europäischen Historikers Norman Davies ist es unvermeidlich, dass der Euro früher oder später explodiert – es wäre wahrlich nicht das erste Mal, dass eine Währungsunion nach einigen Jahren zerfällt. Und im strahlenden Istanbul schreibt Orhan Pamuk einen Text mit dem Titel »Der verblassende Traum von Europa«.

»It was not created to bring us to heaven«, sagte Dag Hammarskjöld einmal über die Vereinten Nationen, *»but to save us from hell.«* Dasselbe galt und gilt für die Europäische Union.

Die Pioniere der EU waren alles andere als Träumer und Utopisten, wie heute manchmal behauptet wird. Im Gegenteil, sie waren nüchterne Realisten, weil ihnen bewusst war, dass es, nach den schrecklichsten Jahrzehnten der europäischen Geschichte, mit diesem Kontinent so nicht weitergehen konnte. Einer wie der andere waren sie Kinder des zerrissenen und blutenden Europas, gezeichnet und gegerbt von den Stürmen des zwanzigsten Jahrhunderts.

Betrachten wir etwa den Gründer der Europäischen Union, den französischen Diplomaten und Staatsmann Jean Monnet, ein Mann, der von einem Gedanken getrieben wurde: Konflikte, die aus Nationalismus heraus entstehen, können auf Dauer nur gelöst werden, indem man diesen Nationalismus überwindet. Europa hatte in den früheren Jahrhunderten seiner Meinung nach fast einer Wildnis geglichen, denn zwischen den Staaten galt, wenn es darauf ankam, nur das Recht des Stärkeren. Innerhalb eines zivilisierten Staates wird Macht durch Gesetze beschränkt, und dieser Zustand sollte auch auf internationaler Ebene die Regel werden. Die Etablierung von Recht anstelle von Gewalt – das war seiner Ansicht nach der Kern von Zivilisation.

Oder nehmen wir Willy Brandt, den deutschen Friedenskanzler der siebziger Jahre: Schon mit zwanzig kämpfte er gegen Hitler und musste nach Oslo fliehen, wo er einen Vorposten des Widerstands aufbaute. Nach 1945 kehrte er umgehend aus dem schwedischen Exil in den deutschen Trümmerhaufen zurück, um das Land wieder aufzubauen, ein Schritt, zu dem sich damals nur wenige Exilanten entschlossen. Bereits im Frühjahr des Jahres 1944 hatte er gemeinsam mit dem Österreicher Bruno Kreisky begonnen, einen Entwurf für eine Art Europäische Union zu skizzieren – nicht wissend, dass Jean Monnet in Algier über dasselbe Vorhaben nachdachte. Brandt ging es vor allem um die zukünftige Rolle seines eigenen Landes, Deutschland. Diese Nation mit ihrem gefährlichen Machtstreben sollte in eine europäische Gemeinschaft eingebunden werden.

Oder zum Beispiel der Pole Bronislaw Geremek. Er war der Sohn eines Rabbiners und Überlebender des Warschauer Gettos, aus dem er im letzten Moment herausgeschmuggelt werden konnte. Der spätere Professor für mittelalterliche Geschichte war eine führende Persönlichkeit in der polnischen Dissidentenbewegung, saß ein Jahr im Gefängnis und wurde nach dem Umsturz in Polen unter anderem Außenminister. Geremek war immer ein großer Vorkämpfer für ein vereinigtes Europa gewesen und in den letzten zehn Jahren eine zentrale Figur im Europäischen Parlament.

Einige dieser Pioniere habe ich noch kennengelernt. Einmal zeigte mir der deutsche Industrielle Winrich Behr – ganz bestimmt kein Träumer – eine Schachtel. »Hier, die Eisernen Kreuze von vier Generationen. Mein Urgroßvater, mein Großvater, mein Vater und ich, wir haben eines gemeinsam: Wir haben alle in einem Krieg gegen Frankreich gekämpft, und wir sind alle verwundet worden. Mein Urgroßvater 1870, mein Großvater und mein Vater 1914 und ich 1940. Früher war das eine große Ehre für eine deutsche Familie. Aber es ist natürlich ein Elend.«

Sein niederländischer Mitstreiter Max Kohnstamm, später die rechte Hand von Jean Monnet, war während des Zweiten Weltkriegs im Studentenwiderstand aktiv gewesen und ins Konzentrationslager Amersfoort gekommen. 1947 unternahm er seine erste Reise durch Deutschland. Er fand eine Wüste vor. Köln, Kassel – nichts als Trümmer. Manche Städte befanden sich am Rand einer Hungersnot. Kohnstamm war bewusst, dass dies auch ein niederländisches Problem war: Es lag auch im Interesse der Niederlande, dass Deutschland wiederbelebt wurde und im Frieden mit sich und seinen Nachbarn lebte. »Das Ruhrgebiet, die Schmiede Europas, musste wieder arbeiten, das Wohl der niederländischen Wirtschaft hing davon ab«, sagte er mir später. »Doch gleichzeitig mussten wir dafür sorgen, dass dort nie wieder Bomben für Rotterdam produziert wurden.« Max Kohnstamm stand, zusammen mit Monnet und Behr, an der Wiege der Europäischen Gemeinschaft für Kohle und Stahl, auch Montanunion genannt. Der Gedanke, das Problem Ruhrgebiet, diese ewige Waffenschmiede, auf eine andere Ebene zu heben und in einen anderen Kontext zu stellen, war keine Frage mehr von Kompromissen zwischen Nationalstaaten, sondern ein Problem, das gemeinschaftlich gelöst werden musste. Sich widersprechende Interessen wurden so zu einem Projekt, um das man sich gemeinsam kümmern musste.

Kohnstamm, damals noch ein junges Mitglied der niederländischen Delegation, erinnerte sich an den Enthusiasmus, von dem alle am Verhandlungstisch ergriffen wurden, als sie sich an die Realisation dieser Idee machten: »Es herrschte eine vollkommen andere Stimmung als bei den knallharten Verhandlungen, wie sie sonst üblich waren. Jetzt machten wir uns daran, Strukturen aufzubauen, die völlig neu waren. Ein Kompromiss ist längst nicht immer die beste Lösung, das wussten wir alle. Jetzt ging es um die Sache selbst, es gab keine geheime Agenda, wir wollten das Beste für ganz Europa. Es entwickelte sich eine beispiellose Dynamik. Und allen war bewusst: Hieraus wird sehr viel mehr werden als nur eine Gemeinschaft für Kohle und Stahl.«

So wurde die Europäische Union geboren: aus einer tiefen gemeinsamen Überzeugung von Menschen, die selbst die schwersten Momente des zwanzigsten Jahrhunderts – Schlachtfelder, Bombardements, Hunger, Konzentrationslager, Wirtschaftskrisen – überlebt hatten und die gerade deshalb den Mut besaßen, über sich und ihre nationale Beschränktheit hinauszuwachsen. Und das mit erstaunlichem Erfolg. Obwohl 1945 praktisch jede europäische Generation einen blutigen Krieg erlebt hatte, aus denen mehr oder weniger jede europäische Familie Narben davonträgt, hat der Kontinent, abgesehen von den Jugoslawienkriegen am Ende des vorigen Jahrhunderts, bereits seit über sechzig Jahren keinen Krieg mehr erlebt.

All die europäischen Kriege am Ende des neunzehnten und in der ersten Hälfte des zwanzigsten Jahrhunderts waren nicht nur eine Folge von Nationalismus und Militarismus. Sie machten vor allem deutlich, dass das europäische System der Nationalstaaten, das sich seit dem siebzehnten Jahrhundert entwickelt hatte, nicht mehr gut funktionierte und dass die Machtverhältnisse zwischen den Staaten immer wieder aufs Neue aus dem Gleichgewicht gerieten. Mit der Gründung der Europäischen Wirtschaftsgemeinschaft (EWG), auf die dann später die Europäische Gemeinschaft (EG) und danach die Europäische Union (EU) folgten, wurde ein vollkommen neues System etabliert, eines, in dem Landesgrenzen nicht heftig verteidigt wurden, sondern im Gegenteil geöffnet, so dass ein gemeinschaftlicher Markt entstand, auf dem Güter und Gedanken frei ausgetauscht werden und Menschen sich mühelos bewegen konnten.

Die praktischen Vorteile waren verblüffend, auch wenn sie heute kaum noch jemandem auffallen. Doch wer vor 1960 geboren wurde, kann seltsame Geschichten über das alte, träge Europa erzählen, das Europa der endlos an den Grenzen wartenden Lastwagen, der nebulösen Wechselkurse, der langen Formulare für jedes Päckchen, das man zum Beispiel von Holland nach Deutschland schicken wollte; von den Problemen, die sich ergaben, wenn man es wagte, im Ausland studieren oder arbeiten zu wollen; von den Scharmützeln mit den Butterschmugglern an der niederländisch-belgischen Grenze. Und wer von Amsterdam aus nach Rom fliegen wollte, war, mit einer Ausnahme, auf KLM oder Alitalia angewiesen. Diese beiden Fluggesellschaften hatten ein Monopol auf dieser Strecke, und die Tickets kosteten ein Vermögen.

Das gehört alles der Vergangenheit an. Der Luftverkehr ist, wie tausend andere Dinge auch, freigegeben und liberalisiert. Wir fahren mit 120 Kilometern in der Stunde über vor nicht allzu langer Zeit noch heftig umkämpfte und bewachte Grenzen. Die EU umfasst inzwischen ganz Mittel- und Osteuropa und ist jetzt eine Union von 27 europäischen Staaten. Sie ist die größte Wirtschaftsmacht der Welt, der bedeutendste Exporteur und der mächtigste Investor. Was in Brüssel entschieden wird – etwa hinsichtlich der unerwünschten Monopolstellung von Microsoft –, hat weltweite Auswirkungen. Als die amerikanischen Giganten General Electric und Honeywell im Jahr 2001 fusionieren wollten, ließen die europäischen Autoritäten verlauten, dass dies gegen die Wettbewerbsregeln verstoße. Die Fusion kam nicht zustande, der europäische Markt war zu wichtig.

Jeder Europäer trägt davon einen Nutzen, und sei es auch nur bei seinem Einkommen. Der Durchschnittsbürger verdient infolge der europäischen Einigung etwa zehn Prozent mehr als früher. Das niederländische Zentrale Planungsbüro hat 2005 errechnet, dass durch den gemeinschaftlichen Markt jeder Niederländer etwa ein Monatseinkommen pro Jahr zusätzlich verdient, zwischen 1500 und 2200 Euro, das sind pro Familie durchschnittlich rund 4000 Euro. Und dieser jährliche Mehrverdienst steigt weiter an.

Mit den Römischen Verträgen begann der wichtigste europäische Modernisierungsprozess seit der Herrschaft Napoleons zu Beginn des neunzehnten Jahrhunderts. Alljährlich werden viele Milliarden in den Ausbau des Eisenbahn- und Autobahnnetzes, die Entwicklung strukturschwacher Gebiete und andere große Infrastrukturprojekte investiert. Der EU gelang es, vielen Millionen von überflüssigen Landwirten zu einer neuen Existenz zu verhelfen, ohne große Verarmung oder Verbitterung. Die Politik des koordinierten Kapitalismus, die in der Union immer noch bestimmend ist, hat außerdem eine nie gekannte Lebensqualität geschaffen. Nirgendwo sonst auf der Welt verfügt der durchschnittliche Bürger über ein so hohes Einkommen, eine solche Vielzahl von Sozialleistungen und über so viel Freizeit. Man vergleiche nur mal eine willkürliche Kleinstadt im amerikanischen Bundesstaat Kansas mit einem entsprechenden Städtchen in Katalonien. Während der letzten vierzig Jahre hat sich in Kansas fast nichts geändert, in Katalonien hingegen fast alles. Und dabei spielt die EU eine entscheidende Rolle.

Edward Gibbon, einer der bedeutendsten Historiker des achtzehnten Jahrhunderts, wurde einmal gefragt, wann in der Geschichte die Menschen besonders glücklich und erfolgreich waren. Ohne zu zögern antwortete er: im Römischen Reich, während des zweiten Jahrhunderts nach Christus. Würde man ihm dieselbe Frage im einundzwanzigsten Jahrhundert stellen, würde er ganz zweifellos die Europäische Union in der zweiten Hälfte des zwanzigsten Jahrhunderts nennen.

Die EU hatte eine enorme Anziehungskraft: Alle wollten dazugehören wegen dem, was die Union machte, vor allem aber wegen dem, was sie war. Europa stand an der Spitze, wenn es um humanitäre Hilfe ging, wenn es galt, Demokratie und Menschenrechte zu verteidigen, eine Bresche zu schlagen für Werte wie Toleranz und Gerechtigkeit. Vor allem die Erweiterung der Union selbst erwies sich als ein Musterbeispiel für erfolgreiche *soft power:* Nie wurden mit so wenig Aufwand Demokratie, Wohlstand und Stabilität in so weiten Teilen Europas derart stark befördert.

Als 1989 die Berliner Mauer fiel und anschließend die Sowjetunion auseinanderbrach, blieben nicht zuletzt durch den Einfluss der EU bewaffnete Auseinandersetzungen zum größten Teil aus. Abgesehen von den Jugoslawienkriegen verlief das Ende des Kommunismus in Europa auffallend friedlich. Die EU war in diesen chaotischen Jahren für viele Ostblockländer ein beruhigendes Leuchtfeuer und eine große Stütze; Mitgliedschaft war eine lockende Perspektive. Nach Berechnungen der Weltbank konnten sich 1998 etwa 40 Millionen Europäer aus der Armut befreien, und mit der Aufnahme von zehn neuen Ländern in die EU im Jahr 2004 ging der Erfolg weiter.

Es war aber in erster Linie die Art und die Qualität des Friedens, die Europa als Region so außergewöhnlich machte. Und das lag vor allem an dem Erfolgsrezept der europäischen Integration, an der Weise, mit der man es geschafft hatte, das Tun und Lassen der Mitgliedstaaten supranational zu organisieren. Die Entwicklung eines gemeinsamen europäischen Marktes, einer gemeinsamen Währung und, mit der Zeit, einer übernationalen europäischen Verwaltung wurde zu einem einzigen großen Experiment, das in der Geschichte beispiellos ist.

Und die Europäer verbanden damit die Hoffnung, dass man im einundzwanzigsten Jahrhundert überall auf der Welt vergleichbar zusammenarbeiten könnte, um die Klimaveränderung und andere weltweite Probleme anzupacken. Mit den Römischen Verträgen (1957) und den späteren Maastrichter Verträgen (1992) schreckten die europäischen Regierungschefs nicht davor zurück, Teile ihrer nationalen Souveränität zum Wohle des Ganzen abzugeben. Europa war im Grunde genommen ein Laboratorium, in dem verschiedenste Arten der Zusammenarbeit getestet wurden. Für die ganze Welt.

Und nun steht dieses Laboratorium vor der Explosion. Das nach dem Krieg entwickelte System, das dazu dienen sollte, den europäischen Staaten eine friedliche Zusammenarbeit zu ermöglichen, scheint nun doch zu scheitern. Erneut gerät die europäische Machtverteilung aus dem Gleichgewicht. Erneut gilt das Recht des Stärkeren.

2

Wie sind wir so unvermittelt in diesen Albtraum geraten? Wie konnte Europa ein lokales Problem derart eskalieren lassen, dass es jetzt die gesamte Weltwirtschaft bedroht? Was geht eigentlich in den europäischen Spitzenpolitikern vor, diesem trägen Verein, der ständig aufs Neue falsche Diagnosen stellt und nach jedem Treffen Lösungen präsentiert, die zu spät kommen und zu halbherzig sind? Und wir, die europäischen Bürger, haben wir uns zu lange an eine vermeintliche Realität geklammert, die stärker durch unsere Hoffnung auf das, was geschehen sollte, geprägt war, als durch das, was tatsächlich geschah? Was lässt uns so erstarren auf unserer Eisscholle?

Auch ohne diese Krise – dessen müssen wir uns deutlich bewusst sein – hätte Europa den heutigen Lebensstandard nicht mehr lange aufrechterhalten können. Einst stammte die Hälfte der weltweit hergestellten Produkte aus Europa, heute sind es weniger als ein Fünftel. Um 2030, so die Prognose, wird es kaum noch ein Zehntel sein. In den USA wird 2050 das Durchschnittsalter bei etwa 35 Jahren liegen, in Europa bewegt es sich dann bei um die 50. Von Polen bis nach Italien kommt eine graue Woge auf uns zu, die zu einer schweren Belastung für die Renten, das Gesundheitssystem und andere soziale Errungenschaften werden wird. In den USA werden 19,3 Prozent des Bruttoeinkommens der Arbeitnehmer für Rentenzahlungen verwandt. In Deutschland liegt der Prozentsatz fast doppelt so hoch, 37,2 Prozent, und in Frankreich sind es 58,6 Prozent. Das sagt viel über den Lebensstandard in Europa, aber auch über die Probleme, die uns bevorstehen.

In vielen Mitgliedstaaten hat die Administrative, unter einer dünnen Schicht Modernität, noch stark archaische Züge: Vetternwirtschaft und Korruption sind weit verbreitet und blockieren jede Erneuerung. Überall, vor allem in den reicheren Mitgliedstaaten, wurden außerdem viele Millionen Menschen aus dem Arbeitsprozess herausgedrängt, ihre Grundversorgung wurde gesichert, und so hängen sie nun am scheinbar unerschöpflichen Tropf des Versorgungsstaates.

Bezeichnend ist das Schicksal der sogenannten Lissabon-Strategie, die im Jahr 2000 formuliert wurde. Die Staats- und Regierungschefs beschlossen damals, die Union bis 2010 zum »dynamischsten und wettbewerbfähigsten wissensgestützten Wirtschaftsraum« der ganzen Welt zu machen. 2011 war der angepeilte Zeitraum verstrichen, und immer noch liegt der Anteil von Hightechunternehmen an der europäischen Industrie bei weniger als zehn Prozent.

Dieses Scheitern hat nichts mit den europäischen Möglichkeiten zu tun. Das Ziel wäre erreichbar gewesen. Der Grund liegt vor allem in den sozialen und politischen Vorlieben von uns Europäern. Wir arbeiten weniger Stunden als zum Beispiel die Japaner, Chinesen und Amerikaner, wir haben viel Urlaub und gehen so früh wie möglich in Rente. Das europäische Streben, die wettbewerbfähigste Region der Welt zu werden, scheiterte, weil – wie *The Economist* nüchtern konstatierte – »zahllose Europäer nicht in der dynamischsten und wettbewerbfähigsten Wirtschaft der Welt leben wollen«.

Und das war tatsächlich unsere Entscheidung. Unser relativ hoher Lebensstandard ermöglichte uns Europäern eine entspanntere Lebenshaltung, was an sich eine große Errungenschaft bedeutete. Aber sie wiegte uns auch in den Schlaf, mit den dazugehörigen Träumen und Illusionen. Das ist der eigentliche Grund für die Schuldenkrise: die Vergreisung des Westens und vor allem Europas. Schulden werden schließlich erst dann wirklich zu einem Problem, wenn die Zukunftsperspektive – und damit die Garantie, dass sie getilgt werden – verschwimmt oder sogar ganz verschwindet.

Ich bin hier in Berlin im November 2011, um an zwei Podiumsdiskussionen teilzunehmen und einen Vortrag zu halten, ein paar Tage Arbeit. Meinen Vortrag hatte die Organisation, die mich eingeladen hatte, ins Deutsche übersetzen lassen. Da es sich aber um eine staatliche Institution handelte, musste sogar dieser Übersetzungsauftrag öffentlich ausgeschrieben werden, so wie auch Amsterdam den Bau einer U-Bahn-Linie öffentlich ausschreiben musste, mit allen Konsequenzen, die sich daraus ergeben. Europäische Vorschriften. Wer das günstigste Angebot machte, durfte den Job übernehmen, ganz gleich, um wen es sich handelte. Das Ganze endete natürlich in einem Desaster. Mein angestammter Übersetzer, ein guter Freund, half mir aus der Klemme. Sonst hätte ich ein ziemliches Problem gehabt.

Dies ist die Kehrseite des glorreichen Projekts von Jean Monnet und den anderen: In mehr als einem halben Jahrhundert ist in Brüssel eine amorphe Bürokratie entstanden, die sich überall einmischt, von der Zusammensetzung französischer Ziegenkäse über die Mindestgröße von Kondomen in Berlin bis hin zur Länge der Leitern der Fensterputzer in Amsterdam. Diese Vorschriften sind das Produkt von tausend und einem Kompromiss zwischen konkurrierenden nationalen Interessen, aber auch der Art und Weise, wie Probleme zwischen Staaten gewöhnlich gelöst werden, wenn keine höherstehende Autorität – etwa eine demokratisch legitimierte Europäische Kommission – eine Entscheidung fällt.

Ein warnendes Beispiel war das Zustandekommen der europäischen Fischfangquoten. Um zu verhindern, dass eine ganze Reihe von Fischarten ausstirbt, hatte die Europäische Union allen Mitgliedsländern eine bestimmte Fangquote zugeteilt. Infolge von politischem Druck aus den einzelnen Staaten wurde diese Quote aber viel höher angesetzt als nach wissenschaftlichen Erkenntnissen verantwortbar. Außerdem wurden sie kaum kontrolliert und auf verschiedenste Weise umgangen. Die Folge ist, dass der Fischbestand in den Europa umgebenden Gewässern immer noch ernsthaft in Gefahr ist und dass die Fischer die Küstengewässer vor Afrika und Südamerika leerrauben.

Bei der Eurokrise werden wir unerbittlich mit

der Kehrseite des übermäßigen europäischen Optimismus früherer Generationen konfrontiert, einem Optimismus, der sich – gemischt mit aufrechtem Idealismus – zu lange den Risiken und anderen Problemen verschließen konnte, weil es am Ende doch immer wieder gut ausging. Zypern durfte Mitglied werden, obwohl der große Konflikt zwischen Griechenland und der Türkei nicht gelöst war; Bulgarien und Rumänien wurden zugelassen, obwohl die Korruption dort noch immer Hochkonjunktur hatte; Italien bekam ungeachtet der immensen Staatsschulden grünes Licht für den Euro. All das fiel nicht ins Gewicht. »Europa« war – zu oft – auch ein Zauberwort.

Natürlich hat es immer große wirtschaftliche Unterschiede zwischen den einzelnen Mitgliedstaaten gegeben – ebenso wie zwischen den einzelnen Bundesstaaten der USA übrigens. In der Zeit von 2000 bis 2007 hatten zum Beispiel Portugal und Griechenland durchschnittlich ein Defizit in der Zahlungsbilanz von 9,4 beziehungsweise 8,4 Prozent, während die Niederlande, Finnland und Luxemburg ein Plus von 5,5 beziehungsweise 6,2 und 10,6 Prozent erwirtschafteten – ein Unterschied von bis zu 20 Prozent also. Hinzu kommt, dass in Europa die politischen Motive für den Einigungsprozess stark differierten: Die Deutschen, mit Schuldgefühlen beladen, wollten mit ihren diversen Nachbarn vor allem in Frieden leben, die Franzosen träumten von einem europäischen Superstaat nach französischem Vorbild, die Südeuropäer von den Brüsseler Geldtöpfen, die Osteuropäer von der endgültigen Befreiung aus dem russischen Einflussgebiet.

Der europäische Einigungsprozess verlief also nie ohne Komplikationen. Für den britisch-amerikanischen Historiker Tony Judt war die Europäische Union sogar das zum größten Teil unbeabsichtigte Produkt jahrzehntelanger Verhandlungen westeuropäischer Politiker, die hauptsächlich versuchten, ihre nationalen Interessen durchzusetzen. Dieser Prozess wurde zudem durch eine Art Cliquengeist vorwärtsgetrieben und angefeuert, der ungeachtet aller Meinungsverschiedenheiten die Atmosphäre der alljährlichen Treffen der europäischen Spitzenpolitiker prägte. Es handelte sich schließlich jahrelang um eine recht kleine Gruppe von Leuten, die einander gut kannten. Anfangs gab es nur sechs Mitglieder, später zwölf – eine vollkommen andere Situation als heute, wo 27 Staaten dazugehören, von denen übrigens immer noch jeder ein Vetorecht hat.

Die Einigung der europäischen Staaten ging immer mit Schwierigkeiten und Problemen einher, vorwärtsgetrieben von einem großen Maß an Optimismus. Meistens wurden Tatsachen geschaffen – etwa der gemeinschaftliche Markt, der Euro oder eine neue Erweiterung –, und dann würden, so hoffte man, die genauen Bestimmungen und Einzelheiten schon folgen. So hatte alles begonnen, und jahrzehntelang funktionierte dieser »Fortschritt durch vollendete Tatsachen« recht gut.

In den achtziger Jahren begannen die europäischen Staatschefs zu ahnen, dass es so nicht weitergehen konnte und dass eine politische Vertiefung der europäischen Einheit notwendig war. Das europäische Projekt beinhaltete inzwischen sehr viel mehr als nur den Verkauf von Wagen der Marke Mercedes in Italien und von holländischem Käse in Österreich. Nach und nach entwickelte man eine gemeinsame Außenpolitik wie zum Beispiel im Problemfall Naher Osten, und auch Fragen nach den Prioritäten und der Identität Europas mussten grundlegend behandelt werden. Schon mit sechs Staaten war es oft schwierig gewesen, bei solchen Themen eine gemeinsame Position zu finden, mit zwölf und mehr Mitgliedern war es, wie ein Teilnehmer es ausdrückte, bereits schwierig »zu entscheiden, in welchem Restaurant am Abend gegessen wird«.

Der Fall der Mauer unterbrach diesen Prozess:

Auf einmal hatte die Wiedervereinigung von West- und Osteuropa höchste Priorität. Die organisatorische und politische Vertiefung der EU würde dann eben später kommen. Ein gewisses Triumphgefühl stellte sich ein: Wir können über unseren Schatten springen, wir machen Geschichte.

In dieser Atmosphäre entstand der Euro, eine Währung ohne die dazugehörenden finanziellen und politischen Lenkungsinstrumente. Es war nicht einmal vorgesehen, dass einer der Teilnehmer, ob gezwungen oder freiwillig, die Eurozone wieder verlassen konnte. Und das hatte man, wie aus diversen Rekonstruktionen hervorgeht, bewusst so eingerichtet: Die EWWU, die Europäische Wirtschafts- und Währungsunion, die mit der Unterzeichnung des Vertrags von Maastricht am 7. Februar 1992 begründet wurde, sollte der Beginn eines unumkehrbaren Prozesses werden, der durch zukünftige Regierungen nicht mehr rückgängig gemacht werden kann. Denn diese Möglichkeit würde Spekulanten ja die Chance bieten, die europäischen Länder doch noch gegeneinander auszuspielen.

Man ging davon aus, dass wirtschaftliche Unterschiede zwischen den Euroländern mit der Zeit keine Rolle mehr spielen würden: Sie alle waren schließlich Teil eines Binnenmarktes und eines Währungsgebiets, so wie Provinzen und Teilstaaten trotz aller wirtschaftlicher Unterschiede problemlos Teil eines Landes sein können. Dabei machte man sich jedoch nicht ausreichend bewusst, dass eine nationale Regierung – und zum Beispiel ein nationaler Versorgungsstaat – auf verschiedenste Art und Weise zwischen Provinzen und Teilstaaten steuernd und ausgleichend eingreift. In den USA kann ein Staat wie Florida oder Kalifornien mehr oder weniger pleitegehen, es gibt immer noch eine starke Zentralbank, die nie zulassen wird, dass der föderale Staat bankrott geht; es gibt eine föderale sozialökonomische und fiskale Politik, und alle föderalen Programme – vom Straßenbau über medizinische Versorgung bis hin zu Sozialhilfe – laufen weiter. In der Europäischen Union fehlen diese Fangnetze. Außerdem durfte die Währungsunion unter keinen Umständen eine »Transferunion« werden: Im Prinzip darf kein Geld von den starken zu den schwächeren Brüdern und Schwestern fließen.

Die Währungsunion war von Anfang an vor allem ein politisches Projekt. Man wollte in Maastricht auch den Grundstein für eine EPU, eine Europäische Politische Union legen. Die hätte dann auch für die nötige Lenkung und Ordnung sorgen können und mit der Zeit das ein oder andere Fangnetz bereitstellen. Doch daraus wurde nichts.

In gewisser Weise bezahlen wir mit der Eurokrise am Ende doch noch den Preis für die deutsche Wiedervereinigung. Die europäische Währung war das Produkt eines großen Kuhhandels zwischen Deutschland und Frankreich: Frankreich unterstützte das Nachbarland bei der Wiedervereinigung von West- und Ostdeutschland, und im Gegenzug erklärte Deutschland sich bereit, die eigene harte D-Mark aufzugeben und sich mit einer Reihe weniger stabiler Währungen, wie dem französischen Franc, ins Euroabenteuer zu stürzen. Bedingung war, dass die EZB in Frankfurt angesiedelt und nach den strengen deutschen Normen organisiert wurde.

Längst nicht alle waren begeistert. Hinter den Kulissen gab es heftige Diskussionen zwischen den sogenannten »Monetaristen« und den »Ökonomisten«. Die Monetaristen waren große Befürworter einer schnellen Einführung des Euro. Sobald die Währungseinheit hergestellt sei, würde – wie bei anderen europäischen Projekten – die Verschmelzung von Wirtschaft und Wirtschaftspolitik von allein folgen, prognostizierten sie. Die Ökonomisten warnten: Es wäre besser, wenn der Euro den

Schlusspunkt am Ende der politischen, wirtschaftlichen und finanziellen Einigung darstellte. Zuerst müsse man sich über eine Reihe schwieriger Fragen einig werden, zum Beispiel darüber, wie hoch die Staatsverschuldung sein dürfe, wie die nationalen Haushalte aussehen sollen und wie die Finanzierung der Rentensysteme gesichert werden kann. Erst danach habe die Währungsunion eine Chance auf Erfolg.

Der amerikanische Wirtschaftswissenschaftler Barry Eichengreen sagte bereits im Jahr 1992 voraus, dass manche Länder alles daransetzen würden, um zur Währungsunion zugelassen zu werden, dass sie aber ihre Haushaltsdisziplin sofort nach der Aufnahme aufgeben würden. Sie könnten dann als *free rider* auf der guten Reputation der braven Länder wie Deutschland und die Niederlande mitsurfen und wären nicht mehr der disziplinierenden Wirkung der Kapitalmärkte unterworfen, mit allen finanziellen Tollkühnheiten, die dies nach sich zieht – genau das, was die südeuropäischen Länder zehn Jahre später tatsächlich praktizierten.

Dennoch war der Drang, die Währungsunion einzuführen, stärker. Deutschland war dazu bereit, um die Wiedervereinigung der Nation zu ermöglichen. Frankreich sah in ihr eine hervorragende Möglichkeit, Deutschlands wirtschaftliche und monetäre Macht zu beschränken; zwanzig Jahre später sollte Deutschland übrigens stärker denn je sein. Die Europäische Kommission, angeführt von dem enthusiastischen Jacques Delors, und die europäische Wirtschaft sahen die Einführung des Euro als Schlussstein der Vollendung des europäischen Binnenmarkts.

Die Niederlande, wirtschaftlich eng mit Deutschland und dem übrigen Europa verwoben, hatten kaum eine Wahl. Auch ihr solider Gulden musste beim Euro mitmachen. Wie viel der Euro dem durchschnittlichen Niederländer jährlich bringt, ist schwer messbar – das Zentrale Planungsbüro in Den Haag schätzt, dass das Mehreinkommen etwa einen Wochenlohn beträgt –, aber die indirekten Vorteile lagen auf der Hand: Der Warenaustausch würde vereinfacht, Transaktionskosten und unsichere Wechselkurse gehörten der Vergangenheit an, und außerdem würden bei einer Finanzkrise die unterschiedlichen europäischen Währungen nicht mehr wie dürre Blätter auseinandergeblasen werden. Kurzum: Der Euro war ein logischer Schritt in Richtung eines gemeinsamen Marktes. Gemeinsam waren wir viel stärker.

Bei der Einführung des Euro ging man davon aus, dass fast alle Länder der Union die neue Währung innerhalb weniger Jahre einführen würden –

aber das trat nicht ein, so dass die Union und die Eurozone zu zwei unterschiedlichen Größen wurden. Die Europäische Kommission konnte hinsichtlich des Euro keine grundlegenden Probleme lösen. Man rechnete damit, dass mit der neuen europäischen Verfassung auch die Grundlagen für eine gemeinsame Finanzpolitik gelegt werden würden. Doch der Entwurf wurde im Jahr 2005 von den Wählern in Frankreich und den Niederlanden abgelehnt. Es wurde eine strenge Finanzdisziplin vereinbart, doch vom ersten Tag an wurde bei der Erfüllung der Beitrittskriterien geschummelt, und das nicht nur bei Griechenland.

1997 legte man die Regeln für die Eurozone im sogenannten Stabilitäts- und Wachstumspakt fest. Darin wurde vereinbart, dass die Staatsschulden der Mitgliedsländer unter 60 Prozent des Bruttoinlandsproduktes (BIP) bleiben mussten und dass das jährliche Haushaltsdefizit drei Prozent des BIP nicht überschreiten durfte. Trotzdem durften Belgien und Italien – auf großen Druck Frankreichs hin – schon kurz nach seiner Einführung beim Euro mitmachen, obwohl sich ihre Staatsschulden 1997 auf 120 Prozent des BIP beliefen, also doppelt so hoch waren wie erlaubt. Als Deutschland und Frankreich selbst im Jahr 2003 die Obergrenze zu überschreiten drohten, wurden die Regeln erneut angepasst. Die Kosten all dieser Ausnahmen fielen, so glaubte man, in Anbetracht des Nutzens, den der Euro brachte, kaum ins Gewicht.

So entwickelte sich von Athen bis Rom, von Paris bis Berlin eine äußerst kreative Buchhaltung. In den elf Jahren seit der Einführung des Euro erfüllten Griechenland, Belgien und Italien jedes Jahr eines der Kriterien des Wachstums- und Stabilitätspaktes nicht. Schließlich waren Finnland, Luxemburg und Estland die einzigen drei Euroländer, die noch die vereinbarten Grenzwerte einhielten. Doch die Regierungschefs bewahrten ihren Cliquengeist: Es wurde nicht einmal eine Buße verhängt, es gab keine Sanktionen, es entstand keine Form von Disziplin, niemand wurde ausgeschlossen oder auch nur zurechtgewiesen. Aber ihre Macht wollten sie ebensowenig abgeben: Es bildete sich auch keine klare Hierarchie heraus, die in Krisensituationen unverzichtbar ist.

Das Problem wurde dadurch noch verschlimmert, dass die Finanzwelt zeitgleich die Zügel schleifen ließ. Durch Prämien und Boni stimuliert, wurden so viele billige Kredite und derart viel Geld unter die Leute gebracht, dass in allen Ländern eine künstliche Hausse entstand, die vor allem auf einem rasant wachsenden Schuldenberg basierte. Dabei handelte es sich sowohl um öffentliche als auch private Schulden. Weltweit verdoppelte sich die Schuldenlast in weniger als einem Jahrzehnt und stieg von 84 000 Milliarden im Jahr 2002 auf 194 000 Milliarden Dollar im Jahr 2011.

Die Kredite seien nicht nur Geld gewesen, sondern auch Verführung, schrieb der amerikanische Finanzjournalist Michael Lewis in seinem Buch *Boomerang* und verglich die so entstandene Situation mit einer Teenager-Party, bei der alle Lichter gelöscht werden: Im Dunkeln war auf einmal alles erlaubt. Jedes Land durfte sich plötzlich Verführungen hingeben, denen es unter normalen Umständen niemals erlegen gewesen wäre. Die Amerikaner – ebenso wie die Spanier und die Niederländer – wollten Häuser kaufen, die sie sich normalerweise nie hätten leisten können; die Isländer wollten nicht mehr Fischer, sondern Banker sein; die Griechen und Franzosen wollten für immer und ewig in Rente gehen; die Iren wollten nicht mehr irisch sein, und »die Deutschen wollten noch deutscher werden«, als sie es ohnehin schon waren. In den neunziger Jahren entwickelte sich zudem ein neues Phänomen, der sogenannte Kasinokapitalismus. Dabei wurde unglaublich viel Geld mit neuen Finanzprodukten verdient, die niemand mehr durchschaute und die mit großen Risiken behaftet waren und somit eine große Gefahr für die Stabilität des gesamten Finanzsektors darstellten. Ein Schulbeispiel dafür ist die Art und Weise, wie die einflussreiche amerikanische Investitionsbank Goldman Sachs das Täuschungsmanöver organisierte, mit dem Griechenland sich in die Eurozone schummelte. Griechenland hielt seine umfangreichen Schulden aus den Büchern, und Goldman Sachs lieferte ihm die Kredite und Tricks dazu. Wie arme Hausbesitzer mussten die Griechen Goldman Sachs in den ersten Jahren nur geringe Zinsen zahlen, danach stiegen die Beträge stark an, bis schließlich auf 500 Millionen Dollar pro Jahr, eine Belastung, die das Land kaum wieder loswerden kann. Wie man hört, verdiente Goldman Sachs an den Transaktionen etwa 300 Millionen Dollar an Kommission.

Ungeachtet dieser Exzesse griffen die von der Laisser-faire-Philosophie des freien Marktes erfüllten Zentralbanken – inklusive der EZB – nicht ein. (Mehr noch: Sowohl in der griechischen als auch in der italienischen Regierung spielen momentan Technokraten eine wichtige Rolle, die früher für Goldman Sachs gearbeitet haben.) So wurden auch die Sicherheitssysteme der Finanzwelt ausgeschaltet, bis es schließlich zu spät war und alle Alarmsignale auf Rot standen: Dem Euro drohte ein *perfect storm*.

»Ist es möglich, Todesangst zu haben und sich gleichzeitig zu langweilen?«, fragte sich der amerikanische Nobelpreisträger Paul Krugman bei der Analyse der Eurokrise.

Es ist möglich. Es ist wie eine Katastrophe in einem Atomkraftwerk: Man sieht nichts, und man hört nichts, es schlagen lediglich ein paar Zeiger aus, doch alle Experten haben schweißnasse Hände.

Es begann mit Griechenland, das seinen Zahlungsverpflichtungen nicht mehr nachkommen konnte und das, wie sich im Februar 2010 herausstellte, falsche Zahlen gemeldet hatte. Während eines Gipfeltreffens Ende 2009 hatte der damalige griechische Premierminister seinen europäischen Kollegen bereits mitgeteilt, wie es um sein Land stand. Griechenland, sagte er, und dabei herrschte Totenstille, sei »von A bis Z korrupt«. Der Schrecken war groß. Konnte man von den Bürgern der übrigen Mitgliedstaaten so viel Solidarität verlangen und sie für die Milliardenschulden eines Mitglieds bezahlen lassen, das selbst alle Regeln der Solidarität mit Füßen getreten hatte? Besonders im Norden begannen die Menschen zu murren. Zu allem Unglück gerieten auch noch Irland und Portugal in Schwierigkeiten.

Die EZB hätte wie jede normale Zentralbank reagieren können. Auch Japan, Großbritannien und die Vereinigten Staaten haben große Haushaltsdefizite, und trotzdem können sich diese Länder auf dem Kapitalmarkt so viel Geld leihen, wie sie wollen, und das zu einem relativ niedrigen Zins. Sie haben über ihre Zentralbanken ihre eigene Währung in der Hand, und die Investoren wissen, dass diese Staaten bei Bedarf innerhalb kürzester Zeit die Geldmenge erhöhen können, um ihre Defizite zu finanzieren. Spekulieren hat keinen Sinn. Die Staaten der Eurozone haben ihre fiskale Souveränität an die EZB abgegeben. Und die weigert sich auf Drängen Deutschlands kategorisch, mithilfe dieses Sicherheitsventils Druck vom Kessel zu lassen. Die Angst vor einer Inflation ist zu groß. (Zu Unrecht übrigens, denn bei der heutigen Geldknappheit und der schrumpfenden Wirtschaft ist die Gefahr einer Inflation gering.)

Bereits Anfang des Jahres 2010, das enthüllte die *New York Times*, meldeten die Berichterstatter des Internationalen Währungsfonds (IWF), dass Griechenland seine Schulden nicht würde zurückzahlen können und dass das Land faktisch pleite war. Hätte man zu diesem Zeitpunkt die griechische Schuldenlast substanziell erleichtert und rascher Brandschneisen um Italien und Spanien geschlagen – was die Amerikaner schon damals entschieden forderten –, dann hätten wir heute den Höhepunkt der Krise bereits hinter uns.

Doch es kam anders. Im Juli 2011 verkündeten die europäischen Spitzenpolitiker, sie hätten eine »definitive« Lösung gefunden. Von weiterer Unterstützung Griechenlands war die Rede, von Rekapitalisierung der Banken und einem europäischen Marshallplan. Aber das Wichtigste hatten sie unterlassen: die Schaffung eines überzeugenden europäischen Fangnetzes für wirtschaftlich ins Straucheln geratene Mitgliedstaaten. Deutschland und die Niederlande weigerten sich kategorisch, für die griechischen Schulden aufzukommen.

Gleichzeitig verdüsterten sich die wirtschaftlichen Perspektiven von Ländern wie Italien und Spanien, wodurch die Gefahr größer wurde, dass auch sie in Zukunft ihre Schulden nicht würden zurückzahlen können. Zusammen mit Irland, Griechenland und Portugal standen diese beiden Staaten mit insgesamt 3100 Milliarden Euro im Minus. Die Zinsen, die sie für ihre Staatsanleihen zahlen mussten, stiegen infolgedessen immer weiter, da diese immer auch eine Art Vergütung für das Risiko sind, das die Anleger eingehen. Dadurch geriet die Wirtschaft dieser Ländern noch mehr unter Druck. Hinzu kam, dass die Banken nach der Krise im Jahr 2008 dazu verpflichtet worden waren, bis Juni 2012 ihre Geldreserven deutlich zu erhöhen. Daher hockten sie im Herbst 2011 wie die Geizkragen auf ihrem Geldvorrat, anstatt das Geld zu verleihen und so die Wirtschaft wieder anzukurbeln.

Ende Oktober präsentierten die Regierungschefs erneut einen »überzeugenden« Ausweg aus dieser schicksalhaften Abwärtsspirale. Der Euro-Rettungsschirm von 790 Milliarden Euro sollte nun mithilfe von verschiedenen finanziellen Hebeltricks auf 1000 Milliarden Euro aufgestockt werden, ohne dass die Staaten mehr Geld einzahlen mussten. Zudem ging man davon aus, dass China sich finanziell engagieren würde – als wenn die Chinesen ihr Geld in einen Fonds stecken würden, dem nicht einmal die Europäer selbst wirklich trauen.

Ein Rettungsschirm von 790 Milliarden Euro angesichts einer Schuldenlast, die fast vier Mal so groß war – es war erneut zu spät und zu wenig. Die Anleger durchschauten sofort, was hier geschah. Spanien und Italien gerieten nun in schwere See, Frankreich kam auch allmählich in Schwierigkeiten, und selbst dem braven Deutschland gelang es nicht mehr, Obligationen am Markt zu platzieren. Europa wurde für internationale Anleger zu einer kontaminierten Zone.

Es entwickelte sich ein fundamentaler Konflikt zwischen Deutschland – um das sich unter anderem die Niederlande und Finnland scharten – und der übrigen Eurozone. Die südlichen Länder, an regelmäßig wiederkehrende Inflationen gewöhnt, forderten, dass sich die EZB wie eine normal Zentralbank verhalten solle. In Notzeiten erhöht eine solche Bank durch verschiedene Maßnahmen die Geldmenge, die Inflationsrate steigt etwas an, aber der Druck weicht aus dem Kessel, die Schulden verdampfen zum Teil, die eigene Währung wird billiger, der Export steigt, und die Wirtschaft kommt wieder in Gang.

In Deutschland wollte man, von dem Prinzip ausgehend, dass man eine gute Krise niemals ungenutzt verstreichen lassen darf, die Notsituation im Gegenteil dazu verwenden, die wackelnden südlichen Staaten endlich einmal zu einer gewissen Haushaltsdisziplin zu zwingen. Auf Berlin wirkt, nach der Hyperinflation der 1920er-Jahre, bereits das Aussprechen des Wortes »Inflation« traumatisierend. In dieser Krise geht es nicht zuletzt um Traditionen, Lebensgeschichten, Moral.

Die Eurokrise ist zu einem lebensgefährlichen Prestigekampf geworden, zum Armdrücken zwischen den mächtigsten Euroländern, einer »ökonomischen Version der Kubakrise von 1962«, wie manche Zeitungen schreiben.

Vernünftigerweise wird keine kluge Regierung zulassen, dass der Euro zusammenbricht. Die Konsequenzen wären zu gefährlich – auch wenn niemand so genau weiß, was dann tatsächlich passieren würde. Da der finanzielle Druck groß ist, könnte es plötzlich auch zu sehr unvernünftigen Reaktionen kommen. Fast alle Finanzexperten warnen zur Zeit davor.

Staaten können ganz unerwartet dennoch pleitegehen, etwa wenn es für sie unmöglich wird, ihre Staatsobligationen am Finanzmarkt zu platzieren. Ebenso ist es nicht undenkbar, dass Italien oder Griechenland sich nach dem soundsovielten Regierungswechsel mit dazugehöriger Neuwahl weigern, noch länger die strengen Bedingungen der Union und des IWF zu erfüllen. In Griechenland wäre es fast so weit gewesen, und der italienische Ministerpräsident Mario Monti hat seine Kollegen bereits mehrmals gewarnt, sein Kredit bei den italienischen Wählern sei fast aufgebraucht und er übernehme nicht die Verantwortung für die politischen Folgen der soundsovielten Sparrunde. Auch dann wird der Geldhahn weitgehend zugedreht. Eine solche Pleite wäre ein gewaltiger Schock, der ein unermessliches Chaos zur Folge haben könnte: Benzinknappheit, Hyperinflation, keine Auszahlung von Pensionen und Gehältern, blockierte Konten. Das ist keine Theorie: In den 1990er-Jahren konnte man solche Zustände regelmäßig in der zerfallenden Sowjetunion und im ehemaligen Jugoslawien beobachten.

Es kann zu einem panikartigen Sturm auf bestimmte Banken kommen, und diese Banken können dann leicht andere mit in den Abgrund reißen. Französische und einige deutsche Banken zum Beispiel sind erheblich gefährdet, weil sie viele Kredite in die schwankende Peripherie Europas vergeben haben. In Griechenland gibt es schon seit mindestens einem Jahr einen heimlichen *run* auf die Banken. Sparer transferieren ihr Geld ins Ausland, die Geldvorräte der Banken schwinden allmählich. Aus Italien kommen ähnliche Berichte.

Und schließlich besteht auch noch die Möglichkeit, dass ein Volk die Not und die drakonischen Sparmaßnahmen nicht länger ertragen will, alle Bedenken in den Wind schlägt und sich dafür entscheidet, die Eurozone zu verlassen. Der Preis dafür wäre sehr hoch – ein Land wie Griechenland würde sofort von fast allen finanziellen Hilfsquellen abgeschnitten, während die Schulden in Euro bestehen blieben –, doch manchen Populisten ist das vollkommen egal.

Wenn der Euro vollständig zusammenbricht, würden auch die nordeuropäischen Länder getroffen einschließlich Deutschland und der Niederlande. Obwohl deren Wirtschaft durchaus einen Stoß vertragen kann, wäre das Chaos gewaltig – man denke nur einmal an all die Verträge, die auseinandergepflückt werden müssten. Die Produktion würde stark schrumpfen – in beiden Ländern, so schätzen die Wirtschaftsministerien, um rund zehn Prozent –, und die Arbeitslosenquote dementsprechend steigen – in beiden Ländern um etwa neun Prozent. Die Aktienkurse würden, so eine Prognose des niederländischen Zentralen Planungsbüros, um etwa 40 Prozent fallen, der Welthandel um 15 Prozent zurückgehen.

Die Banken und Rentenversicherungen müssten schwere Treffer einstecken – bei den 29 größten europäischen Banken würde sich ein Loch von schätzungsweise 410 Milliarden Euro auftun. Nach einer Prognose der niederländischen ING-Bank würden die Euroländer in den ersten beiden Jahren nach dem Zusammenbruch der Währungsunion gemeinsam etwa zwölf Prozent ihrer Produktivität einbüßen, ein Gesamtverlust von mehr als

1000 Milliarden Euro. Nicht eingerechnet sind dabei die Kredite für die Krisenländer, die die EZB und verschiedene Zentralbanken dann zum größten Teil abschreiben müssten, die EZB rund 200 Milliarden Euro und die Bundesbank etwa 700 Milliarden.

Es ist klar ersichtlich: Mit der Stützung des Euro dienen die wohlhabenden europäischen Staaten in erster Linie ihren eigenen Interessen. Ein Zusammenbruch des Systems wäre auch für sie sehr teuer. Und außerdem: Wenn jemand von der Währungsunion und den damit verbundenen Handels- und Kreditvorteilen – man denke nur an die extrem niedrigen Zinsen – profitiert hat, dann sind es sie. Sie retten mit ihren Finanzspritzen weniger die Schuldenländer als vielmehr das Huhn, das für sie goldene Eier legt.

Die meisten Deutschen und Niederländer werden nicht direkt alles verlieren, wenn die Währungsunion auseinanderbricht, auch wenn ihr Lebensstandard auf das Niveau von vor zehn, zwanzig Jahren zurückfallen würde. Doch langfristig wird auch für sie der Preis hoch sein. Dabei denke ich nicht einmal so sehr an ihre Jobs und Renten; den Preis würden sie vor allem auf den Gebieten Stabilität, Frieden und Sicherheit zahlen müssen.

Doch sind die europäischen Krisenländer die großen Übeltäter, wie es die Boulevardzeitungen im Norden den Lesern Tag für Tag vom Kiosk aus zurufen? Natürlich hat es auf allen Gebieten Misswirtschaft gegeben. Italien hat sich unter Ministerpräsident Berlusconi jahrelang vor jeder ernsthaften Sanierung der Staatsfinanzen gedrückt. In Frankreich, ein künftiges Krisenland, verspricht der neue Präsident, das Pensionsalter für bestimmte Gruppen auf sechzig Jahre zu senken – und das, während überall sonst in Europa das Renteneintrittsalter gerade mühsam und mit viel politischem Streit erhöht werden muss. Wie er das finanzieren will, sagt er nicht, und warum die Wähler in Deutschland und den Niederlanden trotzdem solidarisch bleiben sollen, wenn es schiefgeht, erfahren wir ebensowenig.

Doch was ist mit einem Land wie Spanien, das zu Beginn der Krise sogar noch einen Haushaltsüberschuss und auffällig niedrige Staatsschulden aufweisen konnte? In Spanien gab es einen enorm aufgeblähten Immobilienmarkt – wie in Irland übrigens –, ein Problem, das mitverursacht wurde durch die unverantwortlich großzügigen Kredite, die vor allem deutsche und niederländische Banken ihren spanischen Kollegen gaben. Als dann die Seifenblase platzte und die spanischen Banken aufgaben, geriet auch die spanische Regierung plötzlich in schwere See. Die heutigen spanischen Haushaltsprobleme sind, kurzum, eine Folge dieser Rezession, nicht deren Ursache.

In Griechenland verhält es sich anders. Und trotzdem, ist die Misswirtschaft der früheren griechischen Regierungen wirklich die Hauptursache für diese Krise? Natürlich nicht. Griechenland repräsentiert gerade einmal drei Prozent der europäischen Wirtschaft. Wenn man beizeiten klar und nüchtern reagiert hätte, hätte man die Probleme des Landes, so ernst sie auch sind, innerhalb dieses riesigen Europa eindämmen können. Man hätte für alle Beteiligten lästige und schmerzhafte Maßnahmen ergreifen müssen, aber Europa hätte Entschiedenheit demonstriert und so Klarheit und Vertrauen geschaffen – und hätte auch den geplagten Länder eine neue Zukunft gegeben.

Und das wäre möglich gewesen, wie die *New York Times* von der anderen Seite des Ozeans aus zu Recht schlussfolgerte: »Kein einzelnes Land könnte es sich leisten, eine solche Lösung zu finanzieren, aber Europa als Ganzes würde es durchaus schaffen.« Und doch geschah das nicht oder viel zu spät, oder viel zu halbherzig. Die Kraft, und auch die Überzeugungskraft von Europa »als Ganzem« erwies sich, als es darauf ankam, als zu schwach.

Das ist das große historische Ereignis des vergangenen Jahres. Die Herrschaft des Kompromisses, die Europa jahrzehntelang trotz vieler Rückschläge zusammengehalten hat, griff nicht mehr – schlimmer noch: Sie blockierte regelmäßig jede Lösung des Problems. Wenn der Herbst 2011 etwas gnadenlos gezeigt hat, dann ist es die Unregierbarkeit des heutigen Europa als supranationale Einheit.

Wenn die Not groß ist, ziehen Brüssel und Frankfurt einen schlauen Trick nach dem anderen aus dem Hut, so dass die Katastrophe im letzten Moment verhindert wird. So war es in der Vergangenheit und so ist es auch heute. Und das Europroblem kann durchaus noch weiterschwelen, von Krise zu Krise, ein Hüpfspiel gemäß den besten europäischen Traditionen. Langfristig kann es so aber nicht weitergehen. Welche finanziellen Kniffe auch immer man sich ausdenkt, sie ändern nichts an dem großen Problem, das sich hinter der Krise verbirgt: die enormen Unterschiede zwischen den einzelnen nationalen Ökonomien innerhalb der Eurozone und, auf der anderen Seite, der Mangel an einer ordentlichen fiskalen und finanziellen Koordination – ganz zu schweigen von der Notwendigkeit einer gemeinsamen Staatskasse wie in den Vereinigten Staaten.

Die Eurokrise, die wir gerade erleben, ist also nicht nur ein finanzieller Waldbrand, der durch zu hohe Staatsschulden ausgelöst wurde und bei dem die Banken wie Dominosteine umzufallen drohen. Sie ist vor allem eine politische Krise und eine tiefgreifende Vertrauenskrise zudem. Die Einigung der verschiedenen europäischen Staaten, die alle ihre eigene Geschichte, ihre eigenen Wunden und Erwartungen hatten, war in der Vergangenheit nur möglich, weil sie trotz allem bereit waren, sich auf eine gemeinsame Reise zu begeben.

Nun scheinen sie erschöpft zu sein, und diese Krise legt die Müdigkeit der europäischen Reisenden gnadenlos bloß. Einerseits müssen sie wohl oder übel den Weg weitergehen, den sie gemeinsam eingeschlagen haben und auf dem es kein Zurück mehr gibt. Sie haben auf verschiedenen Gebieten einen dringenden Bedarf an mehr zentraler Führung. Andererseits haben sie beinahe Angst davor weiterzugehen. Sie trauen sich nicht, noch größere Teile ihrer individuellen Souveränität aus der Hand zu geben. Und ihre Wähler trauen dem noch weniger.

Die Schuldenkrise in der Eurozone ist also das Symptom einer Wirklichkeit, der wir uns vielleicht doch endlich einmal stellen müssen: Dass nämlich das Europa der zwei Geschwindigkeiten längst Realität ist und dass die Legitimität des europäischen Projekts nach und nach an seine Grenzen stößt und diese vielleicht schon überschritten hat.

3

Es ist an der Zeit, dem Euro selbst einmal ins Gesicht zu sehen, in sein Alltagsgesicht, und sich die roten, blauen und bräunlichen Scheine im Wert von zehn, zwanzig und fünfzig Euro anzuschauen, die tagtäglich durch unsere Hände gehen. Zu Hause in meiner Schreibtischschublade wohnt noch immer ein nicht mehr gültiger Fünfzig-Gulden-Schein, nach dem darauf abgebildeten Motiv auch »Sonnenblume« genannt. Und immer noch springen einem die kräftig gelben Farben ins Auge, wenn ich die Lade öffne. Was für schönes Geld hatten wir in den letzten Jahrzehnten des zwanzigsten Jahrhunderts, das schönste Geld der Welt!

Und welch bräunlicher Pulp ist an seine Stelle getreten, langweiliges Kompromissgeld, furchtsames Geld auch, denn die Grafiker trauten sich nicht einmal, ihre Banknoten mit berühmten europäischen Kunstwerken oder echten Brücken, Gebäuden oder europäischen Kunstgegenständen zu illustrieren. Es ist unecht, virtuell zusammengemixtes Zeug, Geld ohne Herz und Seele. An die europäische Wirklichkeit trauten sie sich nicht heran.

Bei Geld geht es nicht nur um Finanztechniken, es hat mindestens ebenso stark mit Moral und Politik zu tun. Der Euro, in all seiner finanziellen Rationalität, hat das negiert. Auch das macht uns heute zu schaffen. In Italien träumt man bereits wieder von der Lira, die Griechen spielen mit dem Gedanken, zur Drachme zurückzukehren, und auch in den Niederlanden wurde vorgeschlagen zu untersuchen, ob der Gulden wieder eingeführt werden kann. Diese Idee stammt von einem Populisten, der nichts anderes im Sinn hat, als aus jeder Krise möglichst viel politisches Kapital zu schlagen, so auch aus dieser. Eine Wiedereinführung des Gulden hieße nichts anderes, als dass wir alle auf hoher See über Bord springen müssten.

Dennoch höre ich die Sonnenblume in meiner Schublade rufen: »Lass mich raus! Lass mich raus!«

Es fällt mir schwer, nicht schwach zu werden, doch ihre Zeit ist vorbei. Der Gulden war ein hervorragendes Zahlungsmittel in der Welt von früher, in einem Wirtschaftssystem, in dem es um Butter, Käse und Eier ging. Heute sind die Niederlande eine in jeder Hinsicht offene Ökonomie, die auf tausenderlei Weise mit dem übrigen Europa verbunden ist. Etwa 60 Prozent der niederländischen Produktion ist für das Ausland bestimmt, und fast 60 Prozent der im Land benötigten Güter werden importiert. Ohne EU würden wir nicht zu Fall gebracht, doch laut den Zahlen des Zentralen Planungsbüros würden wir ein Sechstel weniger exportieren. In dieser Situation kann der Gulden uns wirklich nicht mehr retten.

Lange vor der Einführung des Euro war der Gulden übrigens auch schon eng an die D-Mark gekoppelt. Der frühere Präsident der Niederländischen Bank, Wim Duisenberg, pflegte zu sagen, dass er, wenn die Deutschen den Leitzins senkten, exakt eine Viertelstunde Zeit hatte, zu verkünden, dass die Niederlande genau dieselbe Zinssenkung durchführten. »Das war noch übrig geblieben von unserer Souveränität, diese Viertelstunde.«

Für Deutschland gilt etwas Vergleichbares. In den siebziger Jahren finanzierte es noch 40 Prozent seiner Staatsanleihen mit »nationalem« Geld, also dem Geld der eigenen Bürger. Heute ist es weniger als ein Prozent. Geld und Geldströme sind internationale Phänomene geworden, und mit diesen weltweit wirkenden Kräften müssen wir lernen zu leben.

Die Aufmerksamkeit heischende Sonnenblume in meiner Schublade, die alle Probleme lösen will, ruft zum magischen Denken auf. Es ist eine Illusion zu glauben, man könne mit nationalen Lösungen – bei denen immer den anderen die Schuld in die Schuhe geschoben wird – europäischen oder gar globalen Problemen entgegentreten. Das wissen wir genau, doch wer glaubt nicht gern an eine Lüge? Einfach, warm und nostalgisch. »Die Menschen ertragen nicht sehr viel Wirklichkeit«, schrieb T.S. Eliot einmal, und dies gilt auch hier. Jede Gruppe von Menschen hat ihre eigenen verschleiernden Codes, um Unheil zu beschwören und ihr Selbstwertgefühl aufrechtzuerhalten; jedes Land hat seine eigene Sprache und seine eigenen Halbwahrheiten, und das zeigt sich auch in der Krise. Die Italiener zum Beispiel denken, dass ein gewiefter Technokrat die Probleme für sie schon lösen wird. Die Griechen betrachten sich weiterhin als Opfer eines Unrechts und meinen, das übrige Europa wird das irgendwann auch so sehen. Die Deutschen und die Niederländer wissen, dass sich die Krisenländer, die entgegen jeder ökonomischen Gesetzmäßigkeit eifrig sparen, schlussendlich einen Weg zu Wohlstand und Fortschritt bahnen werden. So wie *The Economist* schreibt: »Der Euro wird nur überleben, wenn jedes Land die Entscheidungen akzeptiert, vor denen man sich jetzt noch scheut. Es ist wie in einem bösen Witz: Der Euro braucht französische Reformen, deutsche Verschwendungssucht und italienische politische Reife.«

Die wachsende Hinwendung zum Eigenen und zum Nationalen ist eine Folge der unsicheren Zeiten. Menschen klammern sich in einer solchen Situation stärker an das Bekannte und Vertraute. Das hat auch etwas mit der fehlenden europäischen Identität zu tun. Wir fühlen uns als Niederländer, Friesen, Brabanter, Amsterdamer und können all das ganz wunderbar miteinander vereinbaren. Doch trotz der jahrelangen Kampagnen für Europa fühlen wir uns nur selten als Europäer.

In den Vereinigten Staaten wird die »vorgestellte Gemeinschaft« Tag für Tag mit Flaggen, Ritualen und vor allem durch die permanente politische Diskussion gemeinsamer Probleme kultiviert. Im vereinigten Europa hat sich jedoch trotz vieler Versuche nie eine gute öffentliche Diskussion über europäische Fragen etabliert. Ein Grund dafür ist – vom Sprachenproblem einmal abgesehen – das sogenannte »demokratische Defizit« Europas. Mit diesem Stichwort benennt man die Tatsache, dass die demokratische Entwicklung Europas hinter dem Grad der ökonomischen Verschmelzung und geografischen Ausdehnung der Europäischen Union sowie der Machtfülle, die sich schon heute in Brüssel konzentriert, zurückgeblieben ist. Mit der Folge, dass Politik und Medien den Blick weiterhin auf die nationale Arena richten und dass sich die öffentlichen Debatten um nationale Themen drehen, während die wirklichen Machtfragen längst auf europäischer oder globaler Ebene entschieden werden.

Der Zauber des eigenen Landes als sicherer Hafen wird dabei durch die Unbestimmtheit und die Unbegrenztheit des europäischen Projektes verstärkt. Unbegrenztheit im wörtlichen Sinn: Wo endet Europa eigentlich? Auf diese Frage gibt es bis heute keine befriedigende Antwort. Unbegrenztheit aber auch im übertragenen Sinn. Welche Zuständigkeiten müssen zum Beispiel noch abgegeben werden, um den Euro zu retten? Und an welche Institutionen? Und wie behalten wir Bürger dabei noch einigermaßen die Kontrolle? Unsere früher einmal so glorreiche Europäische Union hat sich für viele Menschen in ein unentwirrbares Knäuel verwandelt, in einen dunklen Spiegel voller Rätsel.

Der nicht genug zu lobende europäische Ratspräsident, Herman Van Rompuy, machte in diesem Zusammenhang in Anlehnung an den französischen Denker Michel de Certeau einen Unterschied zwischen *place*, Platz, und *space*, Raum. Platz steht im Zusammenhang mit Ordnung des Chaos, mit Stabilität, Sicherheit und Berechenbarkeit. Bei Raum geht es um Bewegung, Zeit und Möglichkeit. Europa war immer ein Projekt des Raums und der Möglichkeiten, und das galt auch für die Globalisierung im Ganzen. In diesen Zeiten der zunehmenden Besorgtheit zeigt sich jedoch das Gegenteil: Die Europäer klammern sich wieder an ihren Platz, suchen nach Ordnung und Stabilität. Dabei bietet vor allem langfristig paradoxerweise gerade der europäische Raum wahrscheinlich noch die größte Sicherheit.

Ich kehre noch einmal zurück zu den dunklen Novembertagen des Jahres 2011, als ich in Berlin mit meinen Notizen begann. Die *Berliner Zeitung* vom 30. November 2011 meldet, dass Italien für Staatsanleihen 7,56 Prozent Zinsen zahlen muss. Demnächst hat das Land mindestens 200 Milliarden Euro umzuschulden, eine hoffnungslose Situation. Große Banken und Konzerne arbeiten unter Hochdruck an Notfallplänen für den Fall, dass die Eurozone zusammenbricht. Und selbst die niederländische Rabobank verliert nach dreißig Jahren ihren einmaligen Triple-A-Status. Und plötzlich wendet sich die Eurozone – immer noch eine der wirtschaftsstärksten Regionen der Welt – an den IWF: Was der EZB nicht erlaubt wird, soll nun über den IWF geregelt werden. Mithilfe von China und Brasilien will man genug Geld zusammentragen, um die Eurokrise abzufangen.

Es ist eine seltsam beschämende Vorstellung. Europa lebt, verglichen mit der übrigen Welt, in Wohlstand, es hat kaum Handelsdefizite und es verfügt über die Mittel, das Problem selbst zu lösen. Aber es verharrt in seiner Ohnmacht. Und die übrige Welt sieht es, registriert es und vergisst es nicht.

Bereits jetzt ist das europäische Projekt schwer beschädigt. Unsere *soft power* stand und fiel schließlich mit dem Vertrauen in die Europäische Union und mit der Perspektive, zumindest für die benachbarten Staaten, irgendwann einmal der Union beitreten zu dürfen. Unsere *soft power* gründete sich auf ein Versprechen, das jahrzehntelang über der Europäischen Union schwebte, das Versprechen an alle Kinder in der Straße, irgendwann einmal mitspielen zu dürfen mit den Jungen und Mädchen in dem großen schönen Haus auf dem Hügel. Was aber, wenn die Einlösung dieses Versprechens immer mehr an Attraktivität verliert? Wenn das Dach des Hauses anfängt einzustürzen, wenn sich in den Mauern immer mehr Risse zeigen, wenn manche sich daranmachen, die Türen zu verbarrikadieren, und an den Fenstern die Läden geschlossen werden?

Weitere Neuigkeiten. Eine Freundin schickt mir den Link zu einem deutschen YouTube-Clip. Es geht um den Vertrag zur Einrichtung des Europäischen Stabilitätsmechanismus (ESM), den vieldiskutierten Euro-Rettungsschirm. Der Clip ist simpel: Es werden eine Reihe von Bestimmungen gezeigt und vorgelesen, eine Frauenstimme kommentiert. Es ist beängstigend überzeugend.

Artikel 8 des Vertragstextes wird gezeigt: »Das genehmigte Stammkapital beträgt 700 Milliarden EUR.« Artikel 9: Die teilnehmenden Länder »verpflichten sich unwiderruflich und uneingeschränkt, Kapital, das der Geschäftsführende Direktor gemäß diesem Absatz von ihnen abruft, innerhalb von sieben Tagen ab Erhalt der Aufforderung einzuzahlen.« Soweit ist alles logisch.

Doch dann kommt Artikel 10: »Er [der Gouverneursrat; GM] kann beschließen, das genehmigte Stammkapital zu verändern und Artikel 8 und Anhang II entsprechend zu ändern.« Die

Frauenstimme: »Ich frage mich: Wie bitte? Die 700 Milliarden sind also nur der Anfang? Der ESM kann also beliebig nachfordern? Unbegrenzt? Und wir sind dann, siehe Artikel 9, bedingungslos und unwiderruflich verpflichtet zu zahlen?«

Und dann folgen weitere Fragen. Wem gegenüber ist der Gouverneursrat eigentlich verantwortlich? Offenbar niemandem. Und was geschieht, wenn ein Mitgliedsland ein neues Parlament wählt, das die Milliarden nicht mehr überweisen will? Hat eine solche Willensbekundung des Volkes dann überhaupt noch einen Sinn? Die Schlussfolgerung der Macher liegt auf der Hand, und es lässt sich wenig dagegen sagen: Dies ist »eine neue Behörde, an die wir mit Siebentagesfrist unbegrenzt unser Vermögen abliefern müssen, wenn die das wollen. Die Behörde kann uns verklagen, wir sie aber nicht. Alle Beteiligten genießen Immunität. Es gelten keine Gesetze. Keine Regierung kann etwas unternehmen. Europas Staatshaushalte in einer und noch dazu nicht gewählten Hand. Ist das die Zukunft Europas?«

Solche Stimmen sind bezeichnend für die rasch wachsende Beunruhigung der europäischen Demokraten. Denn was passiert hier eigentlich? Was bleibt noch von unseren demokratischen Grundsätzen, in welcher Form auch immer? Und auf der anderen Seite: Können unsere Demokratien solche supranationalen Fragen überhaupt lösen?

Wir alle kennen die Probleme auf der europäischen Ebene: die schwierige Beschlussfassung, die Profillosigkeit der europäischen Parteien und des Europäischen Parlaments, der Mangel an charismatischen Führungspersonen, die babylonische Sprachverwirrung, das Fehlen einer wahrnehmbaren öffentlichen europäischen Debatte, eines »europäischen Cafés«. Es erweist sich als äußerst schwierig, auf übernationaler Ebene eine lebendige Demokratie aufzubauen. Außerdem kann man über die europäische Politik nie lachen – ein schlechtes Zeichen.

Die Europäische Union ist für immer mehr Wähler, auch wenn sie wohlwollend und interessiert sind, immer schwerer zu begreifen. Und daran hat die Union selbst einen Anteil. So wurde zum Beispiel endlos darüber debattiert, dass die europäische Politik unbedingt »mehr Gesicht« bekommen müsse. Zu diesem Zweck wurde der Posten des Präsidenten des Europäischen Rates geschaffen, der an die Stelle des von den einzelnen Regierungschefs im halbjährlichen Wechsel bekleideten Amtes des Vorsitzenden des Europäischen Rates trat. Ihm zur Seite stellte man einen Hohen Vertreter für Außen- und Sicherheitspolitik, der als eine Art Außenminister der EU fungieren sollte. Gemeinsam sollten sie als gestandene Persönlichkeiten Europa nach außen vertreten.

Schlussendlich lief es wie bei den Euroscheinen: Man wählte bei einem Essen hinter verschlossenen Türen die Personen aus, die bei den Mitgliedstaaten auf den geringsten Widerstand trafen. Allein der Kompromiss zählte. Die Menüfolge wurde der Öffentlichkeit bekannt gegeben, die Kandidatenliste blieb geheim. Nicht die Wähler wandten sich ab, sondern die Union. Und das ist eine lebensbedrohliche Entwicklung.

In den letzten zwanzig Jahren hat nämlich auch die inhaltliche Arbeit der Europäischen Union ein sehr viel größeres politisches Gewicht bekommen. Die Vorschläge, wie man die Eurokrise auch langfristig in den Griff bekommen kann, führen, so notwendig sie auch sein mögen, zum Beispiel dazu, dass Europa einen immer größeren Einfluss auf Renten, Steuern und andere nationale Regelungen erhält. Um von der sich rasch entwickelnden gemeinsamen Außenpolitik und den allerorten erzwungenen Privatisierungen ganz zu schweigen.

Lange Zeit haben die europäischen Spitzenpolitiker die positive Grundstimmung der Mehrheit dazu genutzt, nach Gutdünken zu verfahren. Zu lange. In den letzten zehn Jahren ist diese Mehrheit zu einer Minderheit geworden. Die Beteiligung bei den Wahlen zum Europäischen Parlament sank von Mal zu Mal – bei den letzten Wahlen im Juni 2009 waren es nur noch magere 43 Prozent –, und Kampagnen für Europa, wie bei den letzten Referenden über die EU-Verfassung, haben immer weniger Erfolg. Das ist verständlich: Man kann nicht fünfzig Jahre Vernachlässigung, wie zum Beispiel in den Niederlanden, in einigen Monaten aufholen.

Dabei können die europäischen Politiker und Institutionen ohne die tatkräftige Unterstützung der Wähler – ob ausgesprochen oder nicht – nicht arbeiten, vor allem jetzt. Und doch wird in vielen Ländern unter dem Druck der Krise das europäische Projekt immer häufiger angegriffen. Und diese Attacken sitzen, gerade weil die europäische Demokratie so schwach ist. Die Spitzenpolitiker der Mitgliedstaaten haben aus Angst, an Macht und Einfluss zu verlieren, dem jungen Bäumchen ja schließlich konsequent jede Chance genommen, zu einem ausgewachsenen Baum zu werden.

Der erste Präsident des Europäischen Rates, Herman Van Rompuy, ist ein Mann mit außergewöhnlichen Qualitäten. Aber wenn er wirklich eine charismatische Führungspersönlichkeit hätte sein dürfen, dann hätte er den Bürgern der Mitgliedstaaten viel besser vermitteln können, dass sie auch europäische Bürger sind – mit allen dazugehörigen Rechten und Pflichten. Wenn der neu gewählte »Außenminister« ein diplomatisches Schwergewicht hätte sein dürfen und keine graue, auf diesem Gebiet unerfahrene Maus, dann hätte Europa eine sinnvolle Rolle im Arabischen Frühling spielen können. Wenn man ernsthaft den Versuch unternommen hätte, einen Teil der nationalen demokratischen Prozesse auf die europäische Ebene zu verlagern, dann wäre Europa in diesen Zeiten längst nicht so anfällig gewesen für das, was die aufeinander folgenden nationalen und selbst lokalen Wahlen ergeben haben.

Sind die populistischen Parteien das große Problem, wie in Brüssel oft suggeriert wird? Nein, sie sind in erster Linie ein Symptom, und wir müssen uns zudem davor hüten, sie alle gleichzusetzen, wie es in europäischen Kreisen nur allzu oft geschieht. Der deutsche Philosoph Peter Sloterdijk spricht in diesem Zusammenhang von »Wutbanken«, Orte, an denen Bürger ihre Wut und ihr Missfallen deponieren, wenn sie sich von den etablierten Parteien nicht mehr vertreten fühlen. Diese Wut ist oft nur allzu verständlich, und die Fragen, die gestellt werden, sind legitim. Wie zum Beispiel die der Macher des YouTube-Clips.

Können Demokratie und Kapitalismus überhaupt noch Hand in Hand gehen, wie viele bis vor Kurzem meinten?

Der einzige Held in den Krisenmonaten des Jahres 2011, der griechische Premierminister Giorgos Papandreou jr., wurde zwischen dem Denken der Märkte und dem der Demokratie zerrieben, als er seine Wähler über die drakonischen Maßnahmen, die er in Brüssel hatte akzeptieren müssen, in einem Volksentscheid abstimmen lassen wollte. Die Finanzwelt erklärte ihn für verrückt, aber vom Standpunkt der Demokratie aus betrachtet, handelte er vollkommen richtig: Keine Demokratie kann es sich erlauben, derart tiefgreifende Maßnahmen mit solch langfristigen Konsequenzen vorzunehmen, ohne ein Mandat der Wähler zu haben.

Auf europäischer Ebene wählte man einen anderen Weg: Der mächtige ESM sollte uns einfach vor die Nase gesetzt werden, und uns Bürgern blieb nichts, als das Beste zu hoffen. (Doch auch hier regt sich Widerstand gegen die Entmündigung der nationalen Parlamente. So verpflichtete das Bundesverfassungsgericht die Regierung nicht nur dazu, den Bundestag umfassend und frühzeitig über zu ratifizierende Verträge wie den ESM oder den Fiskalpakt zu informieren, sondern es bat auch den Bundespräsidenten, mit der Ausfertigung der Gesetze, mit denen diese beiden tiefgreifenden Reformen auf den Weg gebracht werden sollten, so lange zu warten, bis das Gericht deren Verfassungsmäßigkeit geprüft hat.)

Und doch liegt die Priorität der europäischen Führung weiterhin auf dem Schutz der Banken und der Finanzwelt. Und auch in der Vergangenheit fiel die Politik durch ihre Einseitigkeit auf: Die Banken wurden viel zu lange geschont, obwohl sie für das Debakel mitverantwortlich sind. Gleichzeitig wurden die Gewerkschaften geschwächt und soziale Leistungen gekürzt, und die mit Abstand größten Lasten werden am Ende auf den einfachen Mann und die einfache Frau abgewälzt werden, sowohl in den kreditgebenden Ländern als auch in den kreditnehmenden.

Ist das gerecht?

Und: Wie ist es möglich, dass einige deutsche und vor allem französische Banken so überproportional – für 65 beziehungsweise 85 Milliarden Euro – griechische Staatsanleihen gekauft haben, dass sie jetzt zu stürzen drohen? Wie ist es möglich, dass erfahrene, kluge und hervorragend informierte Banker derart riskante und unerklärliche Entscheidungen fällten – wenn nicht andere Faktoren eine Rolle spielten, etwa Prämien, Boni und andere persönliche Vorteile? (Auffallend ist in der Tat das extreme Ansteigen der Spitzeneinkommen in diesem Sektor, während der Wert einer durchschnittlichen Bank in der gleichen Zeit kaum zugenommen hat. Manch einer ist in den letzten Jahren äußerst reich geworden.)

Und woher stammt die Idee, Staaten könnten nicht pleitegehen und die Vergabe von Krediten an gleich welches Euroland müsse im Prinzip risikolos sein, die dann aufkam? Warum wurde aus einer Pleite ein derart unüberwindbares moralisches und politisches Problem gemacht, während auch in der jüngeren Geschichte regelmäßig Staaten Konkurs anmelden mussten? Ein Bankrott ist doch schließlich auch ein neuer Anfang. Doch der wurde Griechenland und anderen Problemstaaten verwehrt. Ist es wirklich so verwerflich, einen spekulierenden Banker dazu zu zwingen, seine Verluste zu akzeptieren?

Oder anders ausgedrückt: Warum werden die Risiken, die skrupellose Anleger eingehen, honoriert und so lange wie möglich garantiert? Warum war es für die europäische Führung in dieser Krise so quälend lange oberstes Gebot, die Banken und den Finanzsektor zu schützen, und zwar auf Kosten einer immer weiter erodierenden Legitimität des europäischen Projekts?

Im Schatten der griechischen Krise spielt sich in Irland ein Drama ab. Niemand schenkt ihm noch große Aufmerksamkeit, obwohl es noch sehr viel erschreckender ist. Jahrelang war Irland Europas Paradepferd. 1980 lebte noch fast ein Viertel der Bevölkerung unterhalb der Armutsgrenze, um die Jahrtausendwende waren es gerade noch sechs Prozent. Nach Angaben der Bank of Ireland stand das Land auf der Liste der reichsten Länder sogar auf Platz zwei. Zum ersten Mal in der Geschichte emigrierten Iren aus den Vereinigten Staaten zurück nach Irland und nicht andersherum.

Im September 2008 war dieser Traum mit einem Schlag zu Ende. Es zeigte sich, dass die Anglo Irish Bank ein »Liquiditätsproblem« von 34 Milliarden Euro hatte. Auch andere irische Banken verzeichneten, wie sich herausstellte, riesige Defizite – tatsächlich war der gesamte irische Finanz- und Immobilienmarkt ein einziges Schneeballsystem. Es drohte ein *run* auf die Banken, die irische Regierung griff blitzschnell ein und versprach, ohne lange nachzudenken, alle Bankguthaben zu garantieren. Und das obwohl die Anglo Irish Bank – mit nur sechs Filialen und keinem einzigen Geldautomaten – sicher nicht zu den »Systembanken« zählte, die für den irischen Geldverkehr unverzichtbar waren.

Das Ergebnis war bestürzend: Das Land und seine 4,5 Millionen Einwohner hatten mit einem Mal Staatsschulden in Höhe von 106 Milliarden Euro. Irland war mehr oder weniger pleite. Es wird eine, wenn nicht zwei Generationen dauern, bis sich das Land von diesem Schlag erholt hat.

Die 106 Milliarden Euro waren zum größten Teil ein Geschenk an die ausländischen Banken, die sich verspekuliert hatten und nun ihren gesamten Einsatz zurückbekamen. Die Iren selbst profitierten kaum davon, denn das Geld ging an deutsche und französische Banken, deutsche Anlagefonds sowie an Goldman Sachs.

Michael Lewis, der in seinem Buch *Boomerang. Europas harte Landung* den Fall Irland gründlich analysiert, sprach mit einem Händler der Bank Merill Lynch, der sich schon damit abgefunden hatte, dass er große Verluste gemacht hatte, und bereit war, seine irischen Obligationen für die Hälfte ihres Wertes zu verkaufen. Gerade noch rechtzeitig hörte er zu seinem großen Erstaunen, dass seine Obligationen plötzlich wieder ihren vollen Wert besaßen. Die irische Regierung garantierte für sie, die irischen – und letztendlich auch die europäischen – Steuerzahler kamen für seinen Verlust auf. Er konnte sein Glück kaum fassen.

An der Wall Street, so berichtet Michael Lewis beiläufig, galten deutsche Banken als *loser* par excellence. Im Jahr 2007, als der amerikanische Hypothekenmarkt einstürzte, waren die Deutschen, wie Lewis von einigen Insidern erfuhr, weltweit die Letzten, die sich die verseuchten Hypothekenpakete noch andrehen ließen. Die deutschen Banker, die zu Hause den finanziellen Moralapostel geben, führten sich auf den internationalen Märkten auf wie ein enthemmter Spießbürger in einem Kasino: 21 Milliarden verzockten sie bei isländischen Luft-Banken, 47 Milliarden bei irischen Banken und deren Immobilienblase, 60 Milliarden mit verseuchten US-Hypotheken und 65 Milliarden in Griechenland, obwohl jeder wusste, dass dort nicht einmal das Steuersystem funktioniert. Vor allem die Deutsche Bank war berüchtigt. Die amerikanischen Finanzjournalisten Jeff Madrick und Frank Partnoy zeigten sich erstaunt darüber, dass es, anders als bei Goldman Sachs, nie zu einem Gerichtsverfahren gegen die Deutsche Bank gekommen ist. Anlass dazu gab es mindestens ebenso oft.

In *The New York Review of Books* vom 10. November 2011 zitieren sie ausführlich aus einem gerade erschienen Bericht des Untersuchungsausschusses des Senats zum Verhalten der Wall Street im Zusammenhang mit der Finanzkrise, namentlich zu den Aktivitäten der Deutschen Bank in den Jahren 2006 und 2007 beim Verkauf eines umfangreichen Portefeuilles von dubiosen Anlagen, Gemstone 7 genannt. Mindestens ein Drittel von Gemstone 7 bestand aus Hypotheken von drei bekanntermaßen schlechten Hypothekengebern. Den Verkäufern von der Deutschen Bank war das durchaus bekannt: Laut Senatsbericht benutzten sie untereinander Begriffe wie *crap*, Mist, und *pigs*, Säue, für die faulen Anlagen. Sie wussten außerdem, dass der Hypothekenmarkt kurz vor dem Zusammenbruch stand. Dennoch taten sie ihr Bestes, um ihren Kunden Anteile an Gemstone 7 zu verkaufen – unterstützt durch die Triple-A-Ratings, die Moody's und S&P drei Vierteln des Portefeuilles gegen Bezahlung gegeben hatten.

Heute haben sich die 700 Millionen Dollar, welche die Kunden der Deutschen Bank für ihre Gemstone-7-Anteile bezahlten, in Luft aufgelöst. Die Deutsche Bank selbst machte übrigens auch 400 Millionen Dollar Verlust, weil sie einen Teil von Gemstone 7 trotz aller Winkelzüge nicht rechtzeitig losgeworden war.

Die Deutschen bezahlen mit der Eurokrise also nicht nur für ihre Wiedervereinigung. Sie bezahlen vor allem auch für das stümperhafte Vorgehen ihrer eigenen Banken.

Währenddessen neigt sich die öffentliche Geduld mit dem europäischen Projekt ihrem Ende zu. Die Krise entwickelt sich zunehmend von einer finanziellen Katastrophe zum politischen Desaster. Überall in Europa wird – und das ist den Brüsseler Gipfeltrefflern zum Teil bewusst, zum Teil aber auch nicht – den Wählern und Bürgern eine Langmut, eine Loyalität und eine Weisheit abverlangt, die ans Übermenschliche grenzt.

Recht schafft Frieden, lautet eine Redensart, doch das Gegenteil ist leider auch wahr: Unrecht schafft Chaos und Entfremdung. Die Auswege aus der aktuellen Krise mögen wirtschaftlich und finanztechnisch begründbar sein, aber sie schaffen kein Recht, sondern Unrecht. Ich höre meine Amsterdamer Nachbarin nach den vielen Milliarden fragen, die der niederländische Staat in den Bankensektor gepumpt hat und die nicht zurückgezahlt werden. »Wo sind unsere Steuern geblieben?

Irgendwo auf der Welt müssen sich doch ein paar Menschen Dutzende von Millionen unter den Nagel gerissen haben. Wer sind die?« In den Fernsehnachrichten sehe ich eine krumm gehende Slowakin, die nicht versteht, wieso auch ihr kleines Land Hilfszahlungen für Griechenland leisten muss: »Unsere Rente beträgt nur 300 Euro, die griechische Rente ist doppelt so hoch. Wieso müssen wir die Griechen retten?« Ich sehe eine verzweifelte spanische Mutter, die schon zu Beginn der Krise entlassen wurde, die immer noch keinen neuen Job hat und aus ihrer Wohnung geflogen ist und die nicht weiß, wem sie dieses Schicksal nun eigentlich zu verdanken hat.

Was soll ich sagen? Ich weiß es auch nicht.

Vor mehr als zehn Jahren, im Jahr 2001, warnte der britische Historiker Larry Siedentop davor, Europa eine mehr oder weniger föderale Struktur zu schnell von oben aufzuerlegen. In einem solchen Fall, so schrieb er in seinem Buch *Demokratie in Europa*, würde ein oberflächlicher Superstaat entstehen, der keinen Rückhalt bei der Bevölkerung habe, der aber das komplexe Gewebe der nationalen Gesellschaften von Grund auf durcheinanderbringen könne. Zu einem Superstaat und einer föderalen Struktur ist es nicht gekommen, doch auf andere Weise hat sich seine Vorhersage bestätigt. Es hat sich tatsächlich eine Art Supersystem über Europa gelegt, ein System, das immer tiefer in das Alltagsleben jedes Einzelnen eingreift, das sogar Fragen nach unserer Identität als Europäer aufwirft und das dennoch keinen Rückhalt bei den Bürgern Europas findet und, schlimmer noch, diesen auch gar nicht anstrebt.

Auch in dieser Hinsicht markiert die aktuelle Krise eine Bruchstelle. Ungeachtet aller Unterschiede wird der Anhang jeder Anti-Europa-Bewegung von einer für viele nur schwer in Worte zu fassenden Sorge getrieben, die wie eine immer dunklere Wolke Europa überschattet: der Angst, das uns einfachen Bürgern gerade unsere Zukunft aus den Händen gleitet. Und nicht nur das. Auch unsere Identität scheint in diesem neuen Europa und in den globalisierten Gesellschaften des einundzwanzigsten Jahrhunderts mehr und mehr zu verschwimmen.

Das entschiedene Nein vieler Wähler zu Europa ist daher auch nicht nur ein Zeichen für dummen Populismus, wie uns manchmal suggeriert wird. Diese Nein-Stimme widerspiegelt auch, wie der *New York Times*-Kommentator William Pfaff einmal zu Recht schrieb, »das intuitive Gefühl, dass jede politische Gemeinschaft, ob national oder multinational, zuerst sich selbst gegenüber verpflichtet ist, nämlich hinsichtlich ihrer Sicherheit, ihrer Integrität und ihres erfolgreichen Funktionierens.«

Kurzum: Die Legitimität des europäischen Projekts schwindet schnell, ausgerechnet jetzt, wo wir sie so dringend bräuchten. Wenn es ein europäisches Problem gibt, das noch größer ist als der Euro, dann ist es das europäische Demokratiedefizit. Wir sehen es genau vor uns, es wird immer größer, und es wird das Ende all unserer Träume bedeuten. Europa steht in den Augen seiner Bürger nicht mehr für Solidarität und Gerechtigkeit. Was die politischen und sozialen Folgen dieser Entwicklung sein werden? Das kann keiner sagen.

4

Ich war eingeladen in die niederländische Botschaft, das Kunstwerk des Architekten Rem Koolhaas an der Spree. Eine riesige Tür öffnete sich; wenn jemand dahinter gestanden hätte, er wäre wie eine Fliege gegen die Mauer gequetscht worden. Wir durften rein. Hinter uns schloss sich das Ding zischend wie ein Tresor. An der Wand Porträts von Königin Beatrix, dreifach, jung und swingend, wie in einem Traum. Böden und Wände aus Glas und Stahl. Im Büro des Botschafters war es dann wie überall, dort wurde gearbeitet.

Beim Mittagessen saß ich zwischen dem Historiker Michael Stürmer und einer Redakteurin der *Zeit*. Alle litten unter der Anspannung. Nie zuvor hatte ich erlebt, dass Journalisten wegen der Wirtschaftsanalysen, die sie tagsüber geschrieben hatten, nachts nicht schlafen konnten. Wir sprachen über die Stellung Deutschlands, mit dem das Schicksal der Niederlande wie so oft eng verbunden ist. Das Handeln der Deutschen wurde lange durch ein Schuldbewusstsein bestimmt. Sie opferten die harte D-Mark, sie beugten sich dem französischen Druck, Italien und Griechenland in die Eurozone aufzunehmen, sie gaben ihre Allmacht auf finanziellem Gebiet zumindest teilweise auf.

Doch die Jahre der Schuld und der Buße sind nun wirklich vorbei, darüber waren sich alle am Tisch einig. Die Macht Frankreichs in Europa – wirtschaftlich wie auf anderen Ebenen – schwindet. Deutschland muss in dieser Situation eine historische Entscheidung fällen: Soll es seine eigene Politik und seine eigene Moral gegen alle Widerstände durchsetzen oder soll es die Führungsrolle annehmen, die diese Krise ihm in den Schoß geworfen hat – und damit meine ich eine führende Rolle, die für alle Europäer akzeptabel ist. Wie wird das Verhältnis zwischen Deutschland und Europa aussehen? Michael Stürmer rief über den Tisch, dass es erneut um die klassische »Deutschlandfrage« gehe, und schickte eine Reihe von Argumenten hinterher. Sie sei wieder aktuell geworden: Soll ein europäisches Deutschland entstehen oder ein deutsches Europa?

Ich muss in diesen Monaten oft an Max Kohnstamm denken. Er starb hochbetagt im Oktober 2010, und in seinen letzten Lebensjahren hatten wir uns angefreundet. Er war immer noch ein politischer Mensch, ein Aktivist und Feind jedes Geschwätzes. »Ja, allmählich werde ich wirklich sehr alt«, hatte er gesagt, wenn ich ihn besuchte. »Und das ist kein Vergnügen. Aber du hast natürlich auch den Artikel von Henry Kissinger gelesen in der letzten Ausgabe von *Foreign Affairs*.« Und dann unterhielten wir uns wieder über Europa und die Weltpolitik.

»Welch ein Glück, dass Max das nicht erleben muss«, sagen seine Freunde jetzt. Aber ich bezweifele, dass er verwundert wäre. Schockiert und traurig, ja. Max Kohnstamm war, wie die meisten anderen Europa-Pioniere, ein Visionär und alles andere als ein Träumer. Er war überaus intelligent und belesen, er verfügte über ein großes europäisches Netzwerk und war immer bis ins Detail über die aktuelle Lage informiert. Sein Realitätssinn war vollkommen intakt.

Was alles noch passieren würde, konnte er nicht vorhersehen, aber in den letzten Jahren hatte er sich große Sorgen gemacht. »Alle feiern ständig Party«, sagte er, »meine Enkel auch, jedes Wochenende. Tanzen auf dem Rande des Vulkans, so wie wir in den dreißiger Jahren. Aber: Wir wussten, dass es so war.« Er hatte Angst und warnte deshalb immer wieder, Europa sei dabei, sich von einem supranationalen System zu einem intergouvernementalen System zurückzuentwickeln; von einem System, das über den Staaten steht, zu einem System der Kompromisse zwischen den Staaten. Damit hat er vollkommen Recht behalten. Und das intergouvernementale System, das heute den Ton angibt, ist der aktuellen Krise nicht gewachsen.

Man kann den heutigen Finanzmärkten vieles vorwerfen, und das mit Recht. Sie ähneln zu oft einer Geisterwelt, in der vor allem mit Wind und Tulpenzwiebeln gehandelt wird. Dennoch sind die Märkte in diesem Fall nur die Überbringer der schlechten Nachricht. Das wirkliche Problem lag und liegt in der Wirtschaft selbst, bei den Banken, bei der Politik und vor allem bei den Konstruktionsfehlern der Eurozone. Der Euro wurde mit drei Hauptsünden geboren, mit drei fatalen Konstruktionsfehlern: keine ordentliche demokratische Legitimation; keine Disziplin, keine Kontrolle und keine Hierarchie; sowie, derzeit sehr aktuell, keine Exit-Strategie. Im Gefühl des Triumphes hat man seinerzeit nicht daran gedacht, dass möglicherweise ein Land die Eurozone wieder verlassen muss – ob gezwungenermaßen oder nicht. Für einen solchen

Fall wurde keine Regelung getroffen. Und für diesen blinden europäischen Optimismus bezahlen wir heute einen hohen Preis.

Die Lenker Europas sind in die Falle geraten, die der Nobelpreisträger und Psychologe Daniel Kahneman als »planning fallacy« bezeichnet: das Trügerische des Phänomens Planung, das bewirkt, dass Politiker und andere Entscheidungsträger immer wieder dazu neigen, ihre Möglichkeiten stark zu überschätzen, vor allem wenn es darum geht, die Zukunft der Welt zu gestalten. Es ist die Illusion von der Machbarkeit der Geschichte.

Zur Zeit zeigt sich die *planning fallacy* zum Beispiel in den Maßnahmen, die Staaten wie Griechenland, Spanien oder Italien auferlegt werden und die in der alltäglichen Praxis nicht – und wenn, dann nur langfristig – umsetzbar sind. Im Entstehungsprozess des Euro machte dasselbe Phänomen die europäischen Spitzenpolitiker blind für die fundamentalen Kulturunterschiede, die ungeachtet der langen Zusammenarbeit zwischen den Ländern bestehen bleiben. Dabei geht es vor allem um die verschiedenen Sichtweisen, mit denen die europäischen Bürger ihren Staat betrachten, und die vollkommen anders gearteten Erwartungen, die sie an ihn haben.

Schon immer war für einen Italiener – seit

alters an eine fremde, ausbeuterische Obrigkeit gewöhnt – der Staat etwas vollkommen anderes als etwa für einen Briten, Schweden, Deutschen oder Niederländer. Dies gilt auch für andere südeuropäische Länder und, auf andere Weise, auch für die »postkommunistischen« Staaten. Macht, so meint man dort, wird schlussendlich immer »woanders« ausgeübt, an Orten, über die ein normaler Mensch nichts weiß. Der Staat gehört nicht den Bürgern, und so ist Steuerhinterziehung in solchen Ländern nicht moralisch verwerflich. Gefühlslagen dieser Art haben eine lange Geschichte und lassen sich nicht durch einen Crashkurs aus Brüssel oder vom IWF ändern. Was das angeht, wird Geschichte nie machbar sein.

Vergleichbares gilt auch für den Begriff der Inflation. Als ich ein Kind war und zum ersten Mal in Frankreich Campingurlaub machte, war der neue Franc noch fast einen Gulden wert. In den darauffolgenden Jahrzehnten schmolz der Franc auf einen Wert von dreißig Guldencent zusammen. Aber die Franzosen konnten damit leben, denn es ging ihnen gut. Für die Menschen hier in Berlin, vor allem für die ältere Generation, bedeutet Inflation etwas ganz anderes. In Deutschland gibt es, wie zum Beispiel auch in den Niederlanden und in Frankreich, eine auffallend starke Tradition des

Sparens: Bis zu 15 Prozent des Einkommens werden für später – etwa für eine Rente – beiseitegelegt. Für Deutsche steht das Wort Inflation außerdem für das Ende der Normalität und den Beginn jahrelangen Elends. Schicksale wie das des betagten Autors Maximilian Bern, der während der großen Inflation in den 1920er-Jahren seine gesamten Ersparnisse in Höhe von 100 000 Mark von der Bank holte, sich dafür eine S-Bahn-Fahrkarte kaufte, damit noch einmal durch die Stadt fuhr und sich danach zu Tode hungerte, möchte hier niemand mehr erleben. Das deutsche Opfer für den Euro war mit dem Verzicht auf die D-Mark schon groß genug.

Auch beim Blick auf Europa gibt es grundlegende Unterschiede. Frankreich betrachtet Europa als eine Verlängerung seiner nationalen Politik. Für Deutschland und auch für die Niederlande ist Europa das Hinterland, diese Staaten wollen keine Macht, sondern Stabilität. Von den alten Ängsten, die im übrigen Europa wieder erwachen, jetzt, da Deutschland erneut eine übermächtige Position einnimmt, gar nicht erst zu sprechen.

Diese Krise bringt so nicht nur das große Symbol der Einigung, den Euro, in Gefahr, sie trifft auch das Herz des europäischen Projekts, die Basisphilosophie. Die Vorstellung nämlich, dass sich Europa mit der Zeit politisch und sozial zu einer internationalen Gemeinschaft entwickelt, die – in welcher Form auch immer – eine vergleichbare bindenden Kraft hat wie die einzelnen nationalen Gemeinschaften.

Und auch die Interpretationen der europäischen Krise fallen überall schon aufgrund der Kulturunterschiede vollkommen anders aus. Für die nördlichen Länder haben wir es mit einer Variante der klassischen Fabel von der Grille und der Ameise zu tun, mit einer Moral von Schuld und Buße: Schnallt den Gürtel eben enger, ihr seid selber schuld! Bezeichnend ist die Tatsache, dass fast jede europäische Sprache andere Wörter für finanzielle Verpflichtungen und moralische Verantwortlichkeiten hat. Die Briten etwa machen einen Unterschied zwischen *guilt*, Schuld, und *debt*, finanzielle Verpflichtung, die Franzosen zwischen *dette*, Geldschuld, und *faute*, Fehler, Vergehen. Nur bei uns Niederländern und Deutschen ist Schuld Schuld, immer ein Fehler und daher ein moralisches Problem.

Das hat zum Teil seine Berechtigung. Die

Deutschen verteidigen – zusammen mit den Finnen und Niederländern – im Kern, wie der konservative amerikanische Kolumnist David Brooks zu Recht schreibt, »die Werte, die Sitten und den *contrat social*, auf dem der ganze Erfolg des Westens beruht«. Nämlich die Regel, dass ehrliche Arbeit ebenso wie ehrliche und loyale Bürgerschaft auch gerecht belohnt wird. Nur leider waren den Banken diese Grundregeln in jeder Hinsicht gleichgültig.

Im Süden räumt man freimütig ein, dass Griechenland mit seinem Fehlverhalten der europäischen Solidarität einen enormen Schaden zugefügt hat. Und dass die Regierungszeit Berlusconis den italienischen Staat vermutlich Milliarden gekostet hat. Aber gelten diese Vorwürfe zum Beispiel auch für Spanien, ein Land, das sich finanziell in einem tadellosen Zustand befand, das aber in erster Linie durch den Zusammenbruch des Immobilienmarktes in schwere See geraten ist? Und gibt es nicht auch Millionen Italiener und Griechen, die immer hart gearbeitet haben, die sich nicht an der großen Geldscheffelei beteiligten und die jetzt die Dummen sind und die Zeche für die Misswirtschaft ihrer Politiker zahlen müssen?

Ein seltsamer Kreislauf ist entstanden: Der Norden, vor allem Deutschland, leiht unter lautem Schimpfen dem Euro-Rettungsfonds Milliarden, um Irland, Portugal und Griechenland zu stützen, und anschließend verwenden die irischen, portugiesischen und griechischen Banken eben diese Milliarden dazu, ihre Schulden bei deutschen Banken zu bezahlen. Eigentlich transferiert Deutschland gar nicht so viel Geld ins übrige Europa, es rettet im Grunde genommen nur seine Banken.

»Unsere Probleme wären längst aus der Welt, wenn wir unsere Währung hätten abwerten können«, sagen unsere südlichen Nachbarn. »Ihr helft nicht uns mit euren Krediten, ihr helft vor allem euren Banken. Für uns ist ja gerade der Euro das Problem.« Und das ist nicht von der Hand zu weisen. So verständlich auch der knurrende Ärger von uns hier im Norden ist, unsere Deutung der Ereignisse und unsere Lösungen liegen bislang vor allem auf der Ebene der Moral, der Strafe, der Säuberung. Außerdem ist unsere Moralität so wie jede Moralität scheinheilig. Während Deutschland auf der einen Seite von Griechenland harte Sparmaßnahmen fordert, hat auf der anderen Seite die deutsche Industrie eben diesen Griechen in den letzten zwanzig Jahren für viele Milliarden Euro – oft nutzlose – Rüstungsgüter verkauft, wobei für das Zustandekommen der Verträge viele Millionen an Schmiergeld gezahlt wurden. (Im April 2012 wurde in diesem Zusammenhang mit Siemens eine gütliche Einigung getroffen, bei der 270 Millionen Euro flossen. Das sagt schon etwas über den Umfang der Unregelmäßigkeiten aus.)

Und was die Niederlande angeht: Obwohl die niederländische Regierung ständig mit erhobenem Zeigefinger der übrigen Welt Lektionen erteilt, ist auch die niederländische Schuldenlast viel zu hoch geworden. Dabei handelt es sich um private Hypotheken der Niederländer, die sich zu einem Schuldenberg von nicht weniger als 600 Milliarden Euro angehäuft haben. Das ist beinahe die höchste Pro-Kopf-Verschuldung in Europa. Jede Moral ist immer auch eine Doppelmoral.

Früher war Deutschland selbst einmal das Opfer einer solchen Moralität und der einseitigen Logik des Rechthaben-Wollens, und zwar als es 1918 am Boden lag und für den Schaden aufkommen musste, den es im Ersten Weltkrieg angerichtet hatte. Die Reparationsforderungen waren zum Teil berechtigt: Die Zerstörungen, die Deutschland zum Beispiel Belgien zugefügt hat, waren entsetzlich. Nur wenige erkannten den politischen Sprengstoff, der sich, auch infolge dieser Wiedergutmachungszahlungen, in Deutschland ansammelte. Die Folgen kennen wir.

Kurzum: Mit Schuld und Sühne löst man keine Finanzkrise, und mit Sparen allein zieht man keine

Wirtschaft aus dem Morast. Wir werden durch unsere eigene Moralität geblendet. Wir tragen im Kern einen kulturellen Konflikt aus, und das untergräbt immer mehr das Vertrauen in den Euro und am Ende das Vertrauen in das ganze europäische Projekt.

»Die Wirtschaftskrise ist ein großes Fiasko des Marktsystems«, erklärte der Nobelpreisträger Amartya Sen im Herbst 2011. »Denn schließlich wurde die Krise durch das System selbst verursacht. Die Krise steht auch für ein moralisches Scheitern: Das Scheitern eines Systems, das einzig und allein auf finanziellen Werten gegründet ist.«

Max Kohnstamm war bis in die letzten Monate vor seinem Tod mit dem europäischen Projekt beschäftigt, und gleichzeitig berichtete er immer wieder über seine Erfahrungen im Konzentrationslager Amersfoort. Beides gehörte für ihn untrennbar zusammen; beides bedingte einander, beides hatte sein Leben bestimmt. Die Willkür, die er in Amersfoort erlebt hatte, war für alle Zeit in sein Herz gebrannt. »Die Rechtlosigkeit, die dumpfe Macht des Stärkeren, das Chaos muss in die Schranken gewiesen werden.« Immer wieder kam er darauf zurück.

Max Kohnstamm fürchtete, Europa könnte in die alte Ordnung von vor 1914 zurückfallen, in das alte Machtgleichgewicht zwischen Dutzenden von Staaten, das regelmäßig gestört wird; in das alte Europa, aus dem seine Generation uns gerade mit viel Blut und Schweiß befreit hatte. »Es geht um die Angst vor dem anderen«, sagte er in einem unserer letzten Gespräche. »Es ist eine Angst, die aus ebendieser Willkür und Unsicherheit entsteht und die letzten Endes zu großen Konflikten und Kriegen führen kann. Diese Angst müssen wir den Menschen nehmen.«

Bronislaw Geremek kam 2008 bei einem Unfall ums Leben. Er hatte seine alten Ängste in Aktivität umgewandelt, in Widerstandsaktivität und später in diplomatische Aktivität. Auch er machte sich immer größere Sorgen darüber, wie die Europäische Union sich entwickelte. Er betrachtete das Nein Frankreichs und der Niederlande zur Europäischen Verfassung als die Spitze einer sehr viel tiefer reichenden Legitimitätskrise, und die Art und Weise, wie mit dieser Legitimitätskrise umgegangen wurde, würde, seiner Ansicht nach, für die Zukunft Europas und der Union entscheidend sein. »Wir sollten uns fragen«, sagte er bei einem Vortrag in Den Haag, »ob es nicht gerade ein Mangel an gegenseitigem Vertrauen und an Gemeinschaftsgefühl ist, der an der Basis der Probleme liegt, die die Europäische Union mit ihren Bürgern hat und die die Bürger mit der Europäischen Union haben.«

Für ihn, für Kohnstamm, Monnet, Brandt und all die anderen europäischen Pioniere, die den Krieg überlebt hatten, bedeutete Europa vor allem ein Friedensprojekt, ein Projekt, in dem es um Menschenrechte und demokratische Werte auf internationaler Ebene ging. Es waren besondere Persönlichkeiten wie sie und mit ihrer Vergangenheit, die das europäische Projekt in den Anfangsjahren prägten. Es waren Menschen, die schon in jungen Jahren im Widerstand oder in der Armee große Verantwortung hatten tragen, die schmerzhafte Entscheidungen hatten fällen und große persönliche Risiken auf sich hatten nehmen müssen. Sie waren alles andere als Heilige, aber sie hatten Prinzipien, für die sie, wenn es sein musste, durchs Feuer gingen. Und sie fürchteten sich nicht, nicht vor Bankern und nicht vor wütenden Wählern.

Europäischen Spitzenpolitikern jüngerer Generation fehlt diese Erfahrung. Oft haben nicht einmal mehr ihre Eltern den Krieg erlebt, und der zerbrechliche, kostbare europäische Friede ist für sie zu einer Selbstverständlichkeit geworden. Für diese Politiker wurden andere Werte wichtiger, vor allem ökonomische Werte. Das ist verständlich, denn so war die allgemeine Stimmung am Ende des zwanzigsten Jahrhunderts. Aber das führte dazu, dass das europäische Projekt durch die starke Betonung des Marktes und des freien Wettbewerbs immer mehr von einer globalen Philosophie bestimmt wurde. Ich meine damit das internationale, grenzüberschreitende Denken, bei dem die Welt und die Gesellschaft vor allem durch eine rein ökonomische Brille betrachtet werden.

Aus diesem Marktmodel entwickelte sich allmählich eine Obsession für das Individuelle, das Privatwirtschaftliche und das Messbare und zugleich ein Übermaß an Toleranz für jeden Exzess des modernen Kapitalismus. Und das hatte zur Folge, dass überall öffentliche Einrichtungen, die im Laufe der Jahrhunderte entstanden waren und die vor allem der Gemeinschaft dienten, von Schulen bis zu Krankenhäusern, dem freien Spiel der Kräfte überlassen wurden.

Mithilfe dieses globalisierten Denkens wurde die menschliche Erfahrung beinahe mit Gewalt in bestimmte Modelle gepresst, fast so, wie in der Vergangenheit verstockte Marxisten alles Menschliche in ihre Modelle zu pressen versuchten. Dieses

Denken ging unweigerlich einher mit hierarchischen Managementsystemen, die alles – und das konnte man überall beobachten, von riesigen Unternehmen wie der Bahn bis hin zu Kindergärten – immer mehr zentralisierten und sich selbst immer größer und wichtiger machten.

Die Ideologen und Theoretiker des freien Marktes, die rechten wie die linken, und die Politiker und Bürokraten, die deren Weg folgten und diese Krise mitverursacht haben, hatten dabei eines gemeinsam: ihre erstaunliche Verachtung für die einfache menschliche Existenz, für die ganz normale Arbeit in Schulen, in Nachbarschaften, auf dem Land und auf der Straße. Es ist eine Gedankenwelt, in der – wie der niederländische Ökonom Arjo Klamer es ausdrückt – kein Platz mehr ist für die Logik des alltäglichen Lebens. Etwa für die Logik des *oikos*, der Schicksalsverbundenheit der Familie, der Verwandtschaft, des Haushalts. Oder der Schicksalsverbundenheit der Zivilgesellschaft, der Stadt, der Kollegen bei der Arbeit. Clintons Ruf »*It's the economy, stupid*« stellt Klamer sein eigenes Motto gegenüber: »*It's the society, stupid!*«

Jetzt, in diesen Monaten, werden wir mit den äußersten Konsequenzen dieses dogmatischen Marktdenkens konfrontiert, mit einem Kapitalismus in seiner bittersten Ausprägung, einer antidemokratischen Bewegung, die in der modernen Geschichte beispiellos ist.

Die vergessenen Revolutionäre des zwanzigsten Jahrhunderts sprachen gern und viel über die Übel des Großkapitals. Sie wussten nicht, wovon sie redeten. Trotzdem hatten sie im Nachhinein mehr recht, als mir lieb ist. Erst jetzt manifestiert sich etwas, das dieser Beschreibung wirklich entspricht: ein amorphes Monster, ein kopfloses Netzwerk mit gewaltiger Macht, das die Anführer selbst kaum noch im Griff haben und vor dem jetzt sogar ehemals gierige Beteiligte zurückschrecken. Manche Hedgefonds verfügen inzwischen über mehr Milliarden als viele europäische Staaten, so sind die Verhältnisse. Das Schicksal ganzer Nationen liegt in den Händen einiger New Yorker Rating-Agenturen. Eine der wichtigsten, Moody's, gab den Griechen übrigens noch im Dezember 2009 die Note A, ein sicherer Hafen für Anleger. Tatsächlich aber hatte das Land im Jahr 2009 ein Haushaltsdefizit von 13,6 Prozent, mehr als vier Mal so hoch wie erlaubt. Ein halbes Jahr später hatte Griechenland nur noch Ramschstatus.

Böse Banker und Börsenhändler klagen über den »Schaden«, den die Demonstranten der Occupy-Bewegung ihrem Geschäft angeblich zufügen. Das zeigt ihre maßlose Arroganz, ihre Blindheit für den unglaublichen Schaden, den sie mit ihren Spekulationen in unserer Gesellschaft angerichtet haben, ihre Weigerung, sich auch nur das kleinste Bisschen verantwortlich zu fühlen für ihr Versagen in dem, was ihre Hauptaufgabe ist: dafür zu sorgen, dass die Kapitalströme dieser Welt ordentlich fließen.

Das ist die strukturelle Gewalt hinter dieser Revolution – denn in der Tat: Wir haben es mit einem Putschversuch zu tun.

Revolution drückt sich immer in Sprache aus, und Sprache bedeutet Macht. Es ist kein Zufall, dass die europäische Debatte zur Zeit größtenteils mit Begriffen aus der Finanzwelt geführt wird. Das ist unvermeidlich, doch dadurch bleiben alle anderen Aspekte dieses weitreichenden Problems – sozialer Friede, Gerechtigkeit, Demokratie – im Schatten.

In *Dem Land geht es schlecht*, seinem letzten engagierten Appell für mehr Demokratie, legte der britische Historiker Tony Judt dar, dass fast alle großen politischen Debatten in Europa und Amerika gleich nach dem Krieg einen stark moralischen Einschlag hatten: »Arbeitslosigkeit (das größte Problem in England, Amerika oder Belgien), Inflation (vor allem in Mitteleuropa gefürchtet, wo über jahrzehnte Sparguthaben vernichtet worden waren) und Agrarpreise, die (in Italien und Frankreich) so niedrig waren, dass die Bauern in ihrer Verzweiflung zu den extremistischen Parteien liefen, waren nicht nur ökonomische Probleme, sondern galten überall, ob bei Priestern oder Intellektuellen, als Prüfstein für den inneren Zusammenhalt einer Gesellschaft.« Die Einigkeit hierüber war auffallend breit, auch unter den wirtschaftlichen Plänemachern, und ganz bestimmt auch unter den Pionieren der europäischen Einheit.

Wo ist dieses Gefühl geblieben? Ist das auch verdampft? Wieso hört man zum Beispiel nirgends, dass die europäische Südflanke loszulassen, Länder wie Griechenland, Portugal und vielleicht sogar Italien und Spanien kaputtzusparen, langfristig einen unvorstellbaren gesellschaftlichen und politischen Rückschlag bedeuten würde? Nicht nur für die Länder selbst, sondern auch für das übrige Europa. Nur allzu leicht können diese Staaten verbittern, erfüllt von einem infamen Populismus, mit einer Jugend, die für sich keine Zukunft mehr sieht.

Schließlich ist es die jetzt ins Erwachsenenalter kommende Generation, die die Folgen der Krise wird tragen müssen. Und auch das fällt bei den Versuchen, diese Krise zu bewältigen, auf: Die Sparer, die Rentner, die Menschen, die über eine gewisse Menge Geld verfügen, werden auf jede nur erdenkliche Weise geschont. Zu Recht, denn es ist eine persönliche Katastrophe, wenn sich das Ersparte in nichts auflöst. Aber der Preis für diese strenge Finanzpolitik wird von den Jüngeren gezahlt, die von einer Rezession am schwersten getroffen werden. Auch hier ist etwas aus dem Gleichgewicht geraten, diesmal zwischen den Generationen. Die irische Regierung zahlte den ausländischen Banken im September 2010 die letzten Milliarden zurück, insgesamt 26 Milliarden Euro. Zur gleichen Zeit war mehr als ein Viertel der irischen Jugendlichen ohne Arbeit, und die Arbeitslosenquote steigt noch immer.

Die niederländische Wochenzeitung *De Groene Amsterdammer* verglich im Herbst 2011 die europäischen Zahlen von Eurostat mit denen der arabischen Welt. Spanien hat eine Jugendarbeitslosigkeit von 46 Prozent – genauso viel wie die Palästinensergebiete. In Griechenland sind 39 Prozent der Jugendlichen ohne Arbeit – ebenso viele wie in Saudi-Arabien. Irland, die baltischen Staaten und Italien melden rund 30 Prozent – wie Tunesien und Syrien. Frankreich, Polen, Rumänien und Schweden haben eine Jugendarbeitslosigkeit von 25 Prozent – genau wie Ägypten. In den arabischen Ländern nahmen die jungen Menschen, wütend darüber, dass man sie ihrer Zukunft beraubte, Besitz von der Straße – und brachten schließlich die alten Systeme zu Fall. So etwas kann manchmal überaus befreiend wirken, auch in Europa. Es entsteht Raum für etwas Neues, neue Initiativen, neue Denkweisen. Aber es kann auch anders ausgehen, und was auf den Arabischen Frühling folgt, steht noch in den Sternen.

Warum wählen so viele Europäer in diesen Jahren mehrheitlich konservative Regierungen, obwohl doch deren strikte Marktideologie und die damit einhergehende Abschaffung möglichst vieler Regularien eine der Hauptursachen für die Krise war? Warum ist die Linke derart in der Defensive? Oder hat die Sozialdemokratie, wenn es darauf ankommt, doch kaum mehr zu bieten, als die Fleischtöpfe des zwanzigsten Jahrhunderts, die in immer unerreichbarere Ferne rücken? Wo bleibt die Alternative?

In Amerika stellt man sich regelmäßig dieselbe Frage: Wie kommt es, dass Bürger sich nicht mehr zusammenschließen in Fragen, die sie berühren, dass sie dies nicht einmal mehr tun bei Dingen, die sie unmittelbar angehen? Man hat Erklärungen dafür gefunden. Viele Wähler werden zum Beispiel in unsicheren Zeiten von politischen Führern angezogen, die »ein Theater der Grausamkeit und der strafenden Gerechtigkeit« errichten. Andere ziehen sich in eine Art soziale Betäubung zurück.

Der Soziologe Zygmunt Bauman vermutet die Ursache in der Tatsache, dass in der heutigen Welt der Zusammenhang zwischen der öffentlichen Agenda und den persönlichen Sorgen, der den Kern des demokratischen Prozesses darstellt, zerbrochen ist. »Es ist eine Situation, in der Menschen, die betroffen sind, nicht mehr wissen, was sie getroffen hat – und in der sie auch kaum Möglichkeiten haben, dies jemals herauszufinden.«

Der Gegensatz zwischen »national« und »europäisch« ist damit eng verbunden. In nationalen Zusammenhängen fühlen sich die meisten Bürger immer noch einigermaßen heimisch, während sie den europäischen Rahmen zunehmend als unsicher empfinden. Nur allzu oft wird dieses Problem mit Phrasen wie, das sei »billiger« Populismus und Nationalismus, beiseitegeschoben. Doch damit unterschätzt man das Problem und negiert seine Komplexität.

Erstens, weil der Nationalismus in vielen Ländern seit den 1930er-Jahren eine vollkommen andere Gestalt angenommen hat. Er hat sich von einem Volksnationalismus – mit Betonung auf Blut, Boden und Reinheit – zu einem Staatsnationalismus – mit Betonung des Nationalstaats als Beschützer von Recht, Demokratie und mindestens ebenso stark der Renten und sozialen Errungenschaften – entwickelt.

Und zweitens, weil damit auch die Loyalität der Bürger ihrem Nationalstaat gegenüber ihren Charakter zwar verändert hat, deswegen aber nicht kleiner geworden ist. Der niederländische Philosoph Thierry Baudet spricht in diesem Zusammenhang vom Entstehen eines »multikulturellen Nationalismus« im Gegensatz zum klassischen »intoleranten und geschlossenen Nationalismus« und von einem »souveränen Kosmopolitismus« als Alternative zum »Supranationalismus«, einem Kosmopolitismus, der für die Außenwelt offen ist, ohne dass er dafür seine eigene Souveränität preisgeben würde. Auch diese Diskussion spielt subkutan eine wichtige Rolle in der Eurokrise. Bis vor Kurzem war es einfach: Man war Demokrat und Europäer. Heute ist das längst nicht mehr selbstverständlich.

So also sieht unsere Eisscholle aus. Gut, dass wir das jetzt wissen. Aber was nun?

5

Die dreißiger Jahre spuken wieder herum.

Wisst ihr noch, sagen Ökonomen zueinander, wie damals alles angefangen hat? Ja, mit dem Schwarzen Donnerstag an der Wall Street; aber auch mit dieser österreichischen Bank, der Österreichischen Kreditanstalt, die im Frühjahr 1931 zusammenbrach; und mit der österreichischen Regierung, die zu Hilfe eilte, aber dadurch auch in Schwierigkeiten geriet; und mit Mitteleuropa, das anschließend in eine der größten Finanzkrisen stürzte. Monatelang blieben die Börsen im Herzen Europas geschlossen, das ganze Finanzsystem erstarrte. Mit ein paar schlauen Maßnahmen, vor allem Frankreichs, hätte die Krise zum größten Teil verhindert werden können, doch alle hoben nur die Hände zum Himmel.

»Die Krise in Europa erinnert sehr unangenehm an die finanziell sehr unruhigen Zeiten in den späten zwanziger und frühen dreißiger Jahren«, schreibt *The Economist*, »als Ökonomien unter dem Druck von Sparmaßnahmen, Geldknappheit und dem Fehlen eines zentralen Geldgebers, der als letzte Möglichkeit die Geldmenge erhöhen kann, umfielen wie Dominosteine.« Der Euro habe, so führt das Blatt aus, durch seinen Mangel an Flexibilität im Kern denselben Effekt wie der Goldstandard in den dreißiger Jahren. Erst als die betroffenen Länder sich vom Gold verabschiedet hatten, sei ihre Konjunktur wieder in Fahrt gekommen. Trotz aller Unterschiede zwischen damals und heute – umfassende Sozialsysteme und viel höhere staatliche Ausgaben – könne auch unsere starre fiskale und wirtschaftliche Moral einen vergleichbaren Effekt haben und eine »schwierige Situation in eine schreckliche verwandeln«.

Deutschland, so fügen die amerikanischen Kommentatoren hinzu, lasse sich durch die Erinnerung an die falsche Krise leiten: Es müsse eine Wiederholung der Depression der dreißiger Jahre verhindern, anstatt ständig darüber besorgt zu sein, es könne zu einer – sehr unwahrscheinlichen – Wiederholung der Hyperinflation der zwanziger Jahre kommen.

Zu oft wird vergessen, dass man auch eine positive Lehre aus den dreißiger Jahren ziehen kann. Am 4. März 1933 trat Franklin D. Roosevelt das Amt des amerikanischen Präsidenten mit einer legendären Rede an: »Das Einzige, was wir zu fürchten haben«, sagte er, »ist die Furcht selbst – die unbeschreibliche, unvernünftige, ungerechtfertigte Angst, die alle Anstrengungen erlahmen lässt, einen Rückzug doch noch in eine Offensive zu verwandeln.«

Was er dann in den ersten hundert Tagen seiner Präsidentschaft tat, war verblüffend. Innerhalb weniger Tage schloss er per Notverordnung sämtliche Banken. Eine Woche später öffneten sie wieder: Amerika hatte den Goldstandard abgeschafft, die Banken erhielten so viel föderales Geld, wie sie brauchten, das Kapital floss wieder. Der Aktienhandel wurde reguliert, um so erneute Exzesse zu verhindern. Es wurden Arbeitsbeschaffungsmaßnahmen für mindestens 20 Millionen Amerikaner auf den Weg gebracht. Mit der Home Owners Loan Corporation wurde der vor dem Zusammenbruch stehende Immobilienmarkt gerettet. Die Regierung initiierte große Infrastrukturprojekte, um die Konjunktur wieder in Schwung zu bekommen – den Bau von Straßen, Brücken und großen Wasserkraftwerken. Und Roosevelt begann mit seinen *fireside chats*, seinen berühmten Radioansprachen, in denen er ganz Amerika erläuterte, was er vorhatte und warum. Er *included the excluded*, er schloss die Ausgeschlossenen ein – das war vielleicht seine größte Leistung. Er gab den Armen und Minderheiten das Gefühl: Das ist auch unser Amerika, auch wir gehören dazu. Er erwarb so Autorität anstelle von formaler Macht, und es gelang ihm sogar in schweren Zeiten, diesen großen und komplizierten Kontinent zusammenzuhalten. Faschistische Bewegungen bekamen in Amerika, im Gegensatz zu Europa, kaum ein Bein auf den Boden.

So geht es also auch.

Ich schreibe diese letzten Zeilen rund ein halbes Jahr nach dem Beginn meiner Notizen an einem Berliner Nachmittag Ende November 2011. In der Zwischenzeit wurden einige Brände gelöscht. Die EZB pumpte fast eine Billion Euro in die europäischen Banken und kaufte auf diese Weise – für eine gewisse Zeit – etwas Ruhe. Eine Nebenwirkung dieser Aktion war, dass namentlich die spanischen und italienischen Banken mit dem billigen Geld umgehend Staatsanleihen kauften, ihren Regierungen so – für kurze Zeit – aus der Klemme halfen und danach erneut in Schwierigkeiten gerieten, als diese Kredite sehr schnell an Wert verloren. Inzwischen ist eine ganze Reihe von Regierungen gestürzt. Unter massivem Druck von Deutschland, den Niederlanden und Finnland wurde ein neues Haushaltsabkommen unterschrieben, in dem die europäischen Staaten sich verpflichten, ihr Haushaltsdefizit unter drei Prozent zu halten – und die dazugehörigen Kontrollen und Sparmaßnahmen zu akzeptieren. Frankreich bekam einen neuen Präsidenten, der als Anführer des Südens eine Abmilderung der strengen Konsolidierungspolitik erwirken will. Die Griechen entschieden sich mit hauchdünner Mehrheit für die Eurozone und brachten damit ironischerweise eben die Parteien wieder an die Macht, die das ganze Elend verursacht haben. Die spanischen Banken gerieten ins Wanken und konnten nur durch eine europäische Finanzspritze von 100 Milliarden Euro gerettet werden.

Auf dem letzten Europagipfel Ende Juni wurde endlich der erste Schritt auf dem Weg zu einer Bankenunion gemacht, mit einer gemeinsamen

Bankenaufsicht. Die Banken sollen nun auch direkt Hilfe aus dem Euro-Rettungsfonds beantragen können. Das war eine höchst notwendige Maßnahme – in Spanien droht ein *run* auf die Banken –, durch die die Probleme rund um die Banken und die Staatsschulden endlich voneinander abgekoppelt werden. Auf diese Weise können Banken bei einem Zusammenbruch nicht auch noch ihr Land mitziehen. Außerdem dürfen die Rettungsfonds Staatsobligationen von Krisenländern kaufen, vorausgesetzt die Länder halten sich an die Haushaltsregeln der EU. So können allzu hohe Zinsen gedrückt werden

Dennoch bleibt die EU der kranke Mann der Welt. Der Euro-Rettungsschirm hat zur Zeit ein Volumen von knapp 500 Milliarden Euro, während man nach Ansicht fast aller Finanzexperten mindestens das Vierfache bräuchte, damit der Fonds effektiv arbeiten kann. Die Ausgabe von Eurobonds, durch die die Euroländer – unter Umständen auch nur zum Teil – haftbar für die Schulden der anderen Länder gemacht werden können, sind für Deutschland, die Niederlande und Finnland vorerst noch indiskutabel. Die Achse Frankreich–Deutschland, der Kern der EU, steht unter immer stärkerer Spannung. Auf den Finanzmärkten ist der Beginn einer Bruchlinie zwischen dem

Norden und dem Süden sichtbar: Die Zinssätze für niederländische Staatsobligationen zum Beispiel bleiben extrem niedrig, obwohl weder die Wirtschaft noch der Staatshaushalt dies zur Zeit verdienen. Das alles ist die Folge der Geldströme von Anlegern, die jetzt bereits in die nördliche Eurozone ausweichen, wo die Währungen auch nach einem eventuellen Zerfall der Währungsunion hart bleiben werden.

Zypern hat den Vorsitz in der Europäischen Union übernommen, musste aber gleichzeitig um finanzielle Hilfe bitten, sowohl aus den Rettungstöpfen der EU als auch von Russland – das auf diese Weise wieder einen Fuß in die Tür bekommt. Drei der vier größten französischen Banken haben Deckungslücken, sogar nach den relativ weichen EU-Regeln. Die Regierung des sachkundigen italienischen Technokraten Mario Monti kann sich nur mit Mühe im Amt halten. In den Kulissen steht Berlusconi schon wieder bereit. In Spanien ist inzwischen beinahe ein Viertel der arbeitsfähigen Bevölkerung ohne Job – ihr Regierungschef, Mariano Rajoy, der die wichtigsten Verhandlungen führen muss, spricht kein Wort Englisch. In Athen werden der neue griechische Regierungschef und sein Finanzminister buchstäblich krank vor lauter Elend; beide mussten ins Krankenhaus eingeliefert werden, und der Finanzminister wurde bereits wieder abgelöst. Auch Indien hat sich nun bereiterklärt, Europa zu helfen, und zwar durch die Überweisung von zusätzlich zehn Milliarden Dollar in den IWF-Fonds. Der charmante niederländische Ministerpräsident liefert indes, auf seine Wiederwahl und seine anti-europäischen Rivalen fixiert, keinen inspirierenden Beitrag: Das Nein zu jedem Vorschlag liegt ihm permanent auf der Zunge. Im überlaufenen und sonnigen München wird derweil Wagners *Ring des Nibelungen* aufgeführt. Im letzten Teil, der *Götterdämmerung* sitzt eine blonde Frau verführerisch auf einem riesigen goldenen Eurozeichen, der Chor reckt verzweifelt Handys in den Himmel.

Es herrscht, kurzum, immer noch ein großes Durcheinander. Mit den Worten des Europaexperten Jean-Claude Piris, über zwanzig Jahre lang Chef des juristischen Dienstes des Europäischen Rates: »Wir stehen am Rande des Abgrunds. Ein einziger *run* auf eine Bank in einem Euroland, und Europa ist verloren.«

Hoffnung gibt es unterdessen keine oder nur wenig: Es wurde ein europäischer Wachstumsplan aufgestellt, doch er vermittelt nicht das Gefühl von Elan und Dringlichkeit, das so charakteristisch für die ersten hundert Tage Roosevelts war. Die portugiesische Fotografin Ana Luisa Nogueira hat im vorigen Jahr angefangen, Wandparolen in Lissabon zu dokumentieren. Sie traf dabei weniger auf Wut als vielmehr auf Trauer, auf ein Gefühl des Verraten-Seins, des zerstörten Vertrauens und eine Stimmung der Zukunftslosigkeit. Dort stand: »Lasst alle Hoffnung fahren, Ihr, die Ihr noch an mich glaubt.« »Du wirst in deinem beschissenen Leben nie ein Haus besitzen.« »Die Zukunft wurde weggefegt.« »Gib nicht auf!« »Sie sagen, spring! Du sagst: Wie hoch?« »Bis die Schuld uns scheidet …«

Mein Freund Hubert Smeet, ein ehemaliger Korrespondent in Moskau, hat für seine Zeitung ein paar Erinnerungen an den Zusammenbruch des Rubel Anfang der neunziger Jahre hervorgeholt. Die Erfahrungen von damals, so sagte er mir, könnten vielleicht noch einmal nützlich sein. Ab 1. Januar 1992 wurde die Sowjetunion endgültig in fünfzehn Republiken geteilt, von denen jede ihre eigene Währung einführen wollte. Nur Russland blieb beim alten Rubel. Die Ukraine optierte für den Karbowanez, Lettland führte zunächst den Talonas ein, Georgien den Lari, Moldavien den Leu, Armenien den Dram und Turkmenistan den Manat; es entstanden vierzehn neue Währungen.

Allerorten entwickelte sich ein unvorstellbares Chaos. In Moskau arbeitete man mit drei verschiedenen Währungen: dem »hölzernen«, dem »gläsernen« und dem »grünen« Rubel. Der hölzerne war der offizielle Rubel, der mit jedem Tag weniger wert wurde. Man konnte mit der gleichen Summe ein Graubrot kaufen, aber auch ein Flugticket. Der gläserne war die Halbliterflasche Wodka, zusammen mit dem Kanister Benzin das beliebteste Tauschmittel – etwa um ein Paar Schuhe günstig zu erwerben. Und der grüne Rubel war der amerikanische Dollar; den benutzte man für alles andere.

Außerhalb der großen Städte gab es praktisch keine Geldwirtschaft mehr. »In den Dörfern wurde ein halber Liter Wodka oder ein Kanister Benzin zum üblichen Zahlungsmittel«, sagte mein Freund rückblickend. »Mit Papiergeld konnte man als Kolchosbauer nichts anfangen. Der hölzerne Rubel war wertlos, und den grünen konnte man nicht essen.«

Er als Ausländer erlebte goldene Zeiten, den Preis bezahlten die normalen Russen. Diejenigen, die in ihrer Fabrik oder ihrem Krankenhaus nur mit hölzernen Rubeln bezahlt wurden, taten keinen Handschlag mehr als nötig, wenn sie dafür nicht mit Flaschen oder grünen Rubeln entlohnt wurden. Es entstand eine riesige Schattenwirtschaft, und die Moral der Bevölkerung wurde schließlich »vollkommen ausgehöhlt«.

Auch beim Euro steht viel auf dem Spiel. Nicht einmal der europäische Frieden ist für alle Zeit garantiert: Wenn die *soft power* des Euro – und indirekt der EU – wegfällt, werden verschiedenste verborgene Konflikte wieder an die Oberfläche kommen, vor allem auf dem Balkan. Wie in der ehemaligen Sowjetunion und allen anderen multiethnischen Staatengebilden in der Geschichte – vom Byzantinischen Reich über die österreichisch-ungarische Doppelmonarchie bis hin zu den Vereinigten Staaten – gibt es auch in der Europäischen Union permanent große interne Spannungen. Die Eurokrise ist ein – fast unvermeidlicher – Ausdruck dessen.

Es kostete die Vereinigten Staaten etwa 150 Jahre und einen Bürgerkrieg, um zu einer gewissen Einheit zu gelangen. Und bis heute spielen die *States' rights*, die autonomen Rechte der einzelnen Bundesstaaten, eine zentrale Rolle in der öffentlichen Debatte. Die EU steht erst am Anfang dieses Wegs.

Auch hier diskutieren wir ständig über *States' rights*, auch Europa hat im zwanzigsten Jahrhundert zwei verheerende Bürgerkriege erlebt – denn als solche kann man den Ersten und Zweiten Weltkrieg aus europäischer Perspektive durchaus betrachten –, und vielleicht werden die Historiker die Eurokrise später als dritten europäischen Bürgerkrieg interpretieren, der allerdings mit friedlichen Mitteln geführt wurde.

Noch einmal: Spannungen und chaotische Zustände, wie wir sie jetzt im Zusammenhang mit dem Euro erleben, sind bei der Entstehung einer Staatengemeinschaft fast unvermeidbar. Die Frage ist nur, ob eine solche Gemeinschaft über genug Flexibilität, Legitimität und Zusammengehörigkeitsgefühl verfügt, um einen derartigen Konflikt zu überstehen. Was das angeht, sind diese Monate 2012 für die Europäische Union der Moment der Wahrheit, ein Moment, der in jeder Beziehung irgendwann unweigerlich kommt.

Vielen europäischen Politikern und Diplomaten ist der Ernst der Lage bewusst. Mehr noch: Intern sind sie weitaus besorgter, als sie nach außen durchscheinen lassen. Sie entwickeln Rettungspläne, sie erarbeiten Kompromisse, sie werfen alles ins Gefecht, um die wirtschaftliche Katastrophe abzuwenden, für ihr eigenes Land und für Europa. Doch die nationalen Traditionen, Interessen und Erzählungen über Gut und Böse sind überaus zäh, die Versuchung, in Begriffen wie »Schuld« und »Strafe« verstrickt zu bleiben, ist außergewöhnlich groß.

Roosevelt und seine Regierung starteten ihren New Deal, ihr Bombardement von Ideen und Maßnahmen, um die Lethargie der Krise zu durchbrechen, weil sie sich aus der Erstarrung lösten. Der New Deal war kein genau umrissener Plan, charakteristisch war gerade seine Flexibilität. Roosevelt und seinen Mitstreitern war klar, dass sie es mit einem vollkommen neuen Problem zu tun hatten und dass sie nur suchend und tastend eine Lösung finden konnten.

In der aktuellen europäischen Krise passiert genau das Gegenteil. Auf Druck von Deutschland und den Niederlanden wird nur ein Heilmittel zugelassen, das zudem noch im Widerspruch zu allen Standarderkenntnissen der Makroökonomie steht: sparen, kürzen, bestrafen. Dass die Ursache der Probleme von beispielsweise Spanien oder Irland zudem gar nicht die Staatsfinanzen sind, sondern der private Sektor, wird ebenfalls übersehen.

Es ist wie in einem Krankenhaus, in dem nur

eine Behandlung angewandt werden darf. Ob der Patient an einer Erkrankung des Herzens leidet oder sich ein Bein gebrochen hat, nur der Aderlass ist erlaubt. Und diese einzige Behandlungsmethode ist mittlerweile zudem durch das letzte Haushaltsabkommen in juristischen Beton gegossen worden, mit den Worten des Nobelpreisträgers Joseph Stiglitz ein *suicide pact*, durch den Europa garantiert in eine hausgemachte Rezession geraten wird. Alles läuft derzeit genau so, wie in den ökonomischen Lehrbüchern beschrieben: Durch die vielen Sparmaßnahmen wird die Krise in den Problemländern nur noch größer, der versprochene Aufschwung und das Vertrauen der Märkte sind nirgends zu entdecken.

»Deutschland läuft Gefahr, seine wichtigste Verabredung mit der Weltgeschichte zu verpassen«, schreibt Ulrike Guérot, und ihre Worte gelten in einem gewissen Maß auch für die Niederlande: »Eines steht fest: Wenn der Euro und damit Europa in einem unkontrollierten und vielleicht sogar ungewollten Augenblick auseinanderbrechen, dann werden die Geschichtsbücher nicht auf die betrügerischen Griechen zeigen. Die Schuld geben sie dann … Deutschland!«

Damit komme ich zu einem anderen wesentlichen Unterschied zu Roosevelt: Er kommunizierte mit seinen Landsleuten. Der Präsident bezog die ganze Nation, von Maine bis Louisiana, in sein Aufbauprojekt mit ein. Er machte den Leuten Mut, bis in die hintersten Winkel des Landes, oft allein schon durch den Bau einiger Häuser und einer neuen Schule. Sein New Deal war nicht nur ein wirtschaftliches und soziales Programm, es war vor allem ein Quell des Optimismus. Er schloss bestimmte Gruppen nicht aus, er schob niemandem die Schuld in die Schuhe und zog ihn zur Verantwortung; im Gegenteil, er nahm alle mit. Er gewann auf diese Weise eine überwältigende Unterstützung für seine Pläne – die er dadurch auch tatsächlich verwirklichen konnte. Die Krise, die das Land in sich zu spalten drohte, wurde so zu einem Problem, dass die Amerikaner gemeinsam angingen, ein Kampf, der die Nation einte, anstatt sie zu sprengen.

Auch die öffentliche Unterstützung für ein gemeinsames Europa ist in dieser Krise nirgends zu sehen. Bei fast allen Maßnahmen, die ergriffen werden, um der Eurokrise die Stirn zu bieten, wird dem größten Problem der Union kaum Aufmerksamkeit geschenkt: die immer weiter schwindende Unterstützung des europäischen Projekts durch die

Bürger. Einer der engsten Mitarbeiter von Herman Van Rompuy, Luuk Middelaar, ist der Ansicht, dass Europa durch die Euro-Diskussion nun endlich »wirklich im Herzen der nationalen Politik angekommen ist«. Er spricht von einer »Europäisierung« der nationalen Politik. »Noch nie seit 1945 waren sich die Bevölkerungen der unterschiedlichen Länder so sehr der Tatsache bewusst, dass sie ein gemeinsames Schicksal haben.«

Doch die Bevölkerungen sind in Anbetracht dieser Tatsache keineswegs in Jubel ausgebrochen. Vor allem deshalb nicht, weil sie über dieses »gemeinsame Schicksal« so entsetzlich wenig mitbestimmen dürfen. Sie reagieren so, wie man es in einer Demokratie erwarten kann: Sie weichen immer häufiger auf Parteien aus, die links und rechts von der klassischen, europafreundlichen Mitte angesiedelt sind. Dadurch entsteht in den nationalen Verhältnissen eine immer größer werdende Polarisierung, und nicht nur das: Das europäische Projekt verliert in immer mehr Ländern die selbstverständliche Bindung an die wichtigsten nationalen Parteien, die es jahrzehntelang hatte.

Dieser Prozess wird zudem durch das offensichtliche Versagen der europäischen Spitzenpolitiker verstärkt, sich auf ein effektives gemeinsames Vorgehen in der Eurokrise zu einigen, durch die äußerst umstrittene makroökonomische Politik, die den anderen Ländern von den Niederlanden, Deutschland und Finnland aufgezwungen wird, durch den – auf der anderen Seite – Mangel an Solidarität und Verantwortungsbewusstsein bei manchen südeuropäischen Politikern und vor allem dadurch, dass von dieser Gesellschaft keine Hoffnung oder Inspiration ausgeht.

Im Jahr 2007 lebten 17 Prozent der Europäer am Rande der Armut und der sozialen Isolation, 2009 waren es bereits 23 Prozent, und die Quote steigt weiter. Auch die europäische Mittelklasse, die klassische Quelle von Wachstum und Bürgerschaft, gerät allmählich in Schwierigkeiten. Überall steigt die Verunsicherung. Es muss nicht gleich ein neuer Roosevelt sein, aber Politiker mit etwas mehr Mut, Vision und Charisma wären in dieser Situation schon gefragt – von einigen Ausnahmen einmal abgesehen.

Oder geschieht hier gerade etwas ganz anderes? Verändert sich in Europa auch die Vorstellung von »Legitimation«, »Demokratie« und Bürgerschaft«? Vollzieht sich auch hier, wie manche Beobachter schon früher in Amerika und anderswo festgestellt haben, eine Verschiebung vom »Nationalstaat« zu einem neuen Phänomen, dem »Marktstaat«? Einem Staat, in dem nicht mehr der Bürger zentral steht, der nicht mehr die Märkte kanalisiert und reguliert, sondern ihnen nur noch dient? Haben wir es hier, wie manche meinen, tatsächlich mit einem stillen Putsch zu tun?

Bereits im Jahr 1952 warnte der Theologe Reinhold Niebuhr seine amerikanischen Landsleute vor ihren *dreams of managing history*, vor Träumen, die aus einem Übermaß an Erfolg und dem sich daraus ergebenden Selbstbetrug entstehen. Vor Träumen, die keine Quelle der Inspiration, sondern eine Bedrohung darstellen. Diese weisen Worte sollten auch wir Europäer uns zu Herzen nehmen. Die Krise bietet uns die Chance, Europa endlich einmal so zu sehen, wie es ist, mit allen Stärken und Schwächen, und uns die Frage zu stellen, welche europäische Einheit wir uns erlauben wollen und können – denn dass es Grenzen gibt, dürfte inzwischen deutlich geworden sein. Die öffentliche Debatte darüber hätte vor zehn, zwanzig Jahren geführt werden müssen. Es ist höchste Zeit, das nachzuholen – wenn es nicht schon zu spät ist.

Gerade in einer Krise zeigt sich, ob eine politische Gemeinschaft und ihre politischen Anführer noch wissen, was sie wollen. Und ob ihre Vorstellungen und Erwartungen noch mit der Wirklichkeit korrespondieren, wie sie sich in dem Moment präsentiert. In einer Krise müssen Politiker einfach tun, was sie tun müssen. Aber das ist noch immer nicht geschehen.

Zu Recht wird darauf hingewiesen, dass diese Krise erneut die große Reformfähigkeit der EU zeigt: Absolute Gewissheiten schmolzen wie Schnee in der Sonne, Tabus wurden gebrochen, und man entschloss sich unter dem Druck der aktuellen Lage zu Maßnahmen, die noch vor wenigen Monaten undenkbar gewesen wären. Die mageren Resultate der EU-Gipfel, die Art und Weise, wie selbst die naheliegendsten Entscheidungen mühsam durchgesetzt werden mussten, der permanent wiederholte Refrain »zu wenig, zu spät« – all das deutet jedoch darauf hin, dass die Flexibilität ein Ende hat: Die Reisenden bleiben im Schlamm stecken.

Was nun geschehen wird, lässt sich nicht vorhersagen. Hoffnung, so sagt ein Sprichwort, ist die unheilbare Krankheit der Menschheit. So ist es auch hier.

Möglicherweise wird sich die europäische Politik schlussendlich der Realität beugen und bereit sein, die notwendigen Kompromisse zu schließen. Das gilt nicht nur für den Euro – der Preis für den Zusammenbruch der gemeinsamen Währung würde in letzter Konsequenz immer sehr viel höher ausfallen als die Kosten für ihren Erhalt –, sondern vor allem für die EU als Ganzes. Es ist im existenziellen Interesse Europas, dass eine Art Einheit aufrechterhalten bleibt, in welcher Form auch immer. In den kommenden Jahrzehnten entsteht eine neue Welt, in der China, die Vereinigten Staaten, Japan, Indien und vielleicht auch Brasilien eine große Rolle spielen werden. Wenn Europa darin nicht als vollwertiger Mitspieler anerkannt wird, dann wird der Kontinent zum Spielball anderer Mächte werden. Statt eines Zeichens der Hoffnung, das Europa einst war, statt eines Beispiels für internationale Ordnung, wird es dann ein Vakuum werden, ein immer wieder auflodernder Kriegsschauplatz von Staaten und vor allem von Nicht-Staaten.

»Die Herausforderung, der sich die europäische Öffentlichkeit, auch emotional, stellen muss, ist, sich klarzumachen, dass die heutige Realität in vielen Punkten dem Weltbild diametral gegenübersteht, in dem alle, die älter als 25 und jünger als 75 sind, aufgewachsen sind«, schrieb der Fachmann für auswärtige Beziehungen Karel van Wolferen schon vor einiger Zeit in einem Essay über die Zukunft Europas. »Eine Realität, die unter anderem bedeutet«, so fuhr er fort, »dass das politische Weltbild, in dem sie seit ihrer Jugend gelebt haben, zusammenbricht.«

Dieser Erneuerungsprozess muss nicht im Schlechten enden. Es wird schließlich auch eine neue Wirklichkeit entstehen. Van Wolferen sprach in diesem Zusammenhang von einer neuen notwendigen Emanzipation Europas. Er betonte zum Beispiel die bleibende Bedeutung des europäischen Vorbilds für eine friedliche und trotz allem erfolgreiche Integration. Anderswo auf der Welt ist der Einfluss des historischen europäischen Experiments viel größer, als wir oft denken – und van Wolferen weiß, wovon er spricht, denn er lebt schon sein halbes Leben lang die meiste Zeit in Asien, vor allem in Japan.

Dabei ist jedoch eines von entscheidender Bedeutung: die Mentalität, die das Handeln von Europa und seinen Staatschefs bestimmt. Was war und ist unsere ureigene europäische Sichtweise der Welt oder, mehr noch, des Lebens? Was verstehen wir Europäer unter »Lebensqualität«? Welchen neuen Raum wollten wir der Zukunft geben? Und welchen Raum wird sich eine jüngere Generation, vielleicht, erkämpfen?

Europa muss zuallererst dem Geld wieder abgerungen werden. Ein paar Tausend Milliarden Euro sind in Europa verschwunden, ein Problem, das sowohl die Schuldenländer betrifft als auch die Banken und die privaten Gläubiger. Jedem unverantwortlichen Kreditnehmer stand schließlich ein unverantwortlicher Kreditgeber gegenüber. Zu viele Banken haben mit ihrem Geld gezockt, sind viel zu große Risiken eingegangen und haben die Kreditwürdigkeit ihrer Schuldner nicht gründlich genug geprüft – kurzum: Sie haben all das nicht getan, was ein ordentlicher Banker tun muss. Dem privaten Sektor ist es allerdings gelungen, dieses Problem auf den öffentlichen Sektor abzuschieben.

Amerika hatte einen Bernard Madoff, Europa hat Dutzenden, wenn nicht Hunderte. Sie führen ein ungestörtes und höchst angenehmes Leben, und niemand wagt es, auch nur mit dem Finger auf sie zu zeigen. Mehr noch: Schon morgen können sie erneut auf Beutezug gehen. Das System der Prämien und Boni, das den Bankensektor ganz und gar verdorben hat, existiert fast überall unverändert weiter.

Eine Neubestimmung der Rolle, die das Kapital in unserer Gesellschaft spielen soll, ist daher unvermeidlich. Vielleicht werden wir die Dynamik und die bindende Kraft unseres europäischen »rheinischen« Modells eines abgemilderten Kapitalismus erneut erfinden, und dagegen wäre nichts einzuwenden.

Das europäische Projekt ist oft mit dem Bau einer Kathedrale verglichen worden, Seitenschiff für Seitenschiff, Kapelle für Kapelle. Und dieses Bild trifft auch dann noch zu, wenn bestimmte Teile schwer beschädigt werden oder gar einstürzen. Die gewaltige Konstruktion des Euro kann zusammenbrechen, während viele andere Gewölbe und Kapellen der riesigen französischen Kathedrale seelenruhig weiterexistieren. So wird es, um nur ein Beispiel zu nennen, immer europäische Regeln zu Fischfang und Umweltschutz in Nordsee und Mittelmeer geben, einfach weil es nicht anders geht.

Daher ist es auch durchaus vorstellbar, dass Europa sich, wenn sich der Staub der Schlacht erst einmal gelegt hat, auf zwanglosere Weise neu gruppiert, in kleineren Strukturen mit mehr oder weniger gleichen Traditionen. Zwischen Skandinavien und Island entwickelt sich so etwas bereits. Innerhalb solcher Einheiten, mit Gesellschaften, die auf vergleichbaren Normen und Werten basieren, kann sich viel einfacher und selbstverständlicher eine gemeinsame Demokratie entwickeln als in der großen etwas unbestimmten Europäischen Union. Und eine sowohl politisch als auch sozial stabile Gesellschaft fürchtet sich auch nicht vor der übrigen Welt.

Doch es ist auch möglich, dass die EU ungeachtet aller Spannungen als Ganzes den Sturm übersteht. Die Krise kann die Union stärken, den Vereinigungsprozess beschleunigen, und das ist die Hoffnung vieler. Es besteht aber auch die Chance, dass die Union am Ende eine bescheidenere Rolle in einem lockeren Verbund europäischer Staaten spielt. Deutschland wird darin wohl seine führende Position behalten, übrigens ohne die Autorität eines wirklichen Anführers zu genießen. Nachdem es jahrzehntelang aus Schuldgefühlen heraus operiert hat, müsste es dann aus dem Gefühl der Größe heraus handeln, und das fällt den Deutschen schwer.

Das Wichtigste ist, dass innerhalb Europas die Politik und die Demokratie wieder in den Mittelpunkt gerückt werden. Um von der Eisscholle herunterzukommen, müssen wir, die europäischen Bürger, selbst etwas wollen – und das ist zugleich ein Teil des Problems, weil wir das nämlich verlernt haben. Die Finanzmärkte haben uns die Vorstellung vermittelt, dass wir nichts mehr zu wollen haben. Sie konnten uns regieren, weil wir Europäer es geschehen ließen.

Was auch immer sich auf der politischen und institutionellen Ebene ändern wird, als europäische Bürger sind wir in unserer alltäglichen Wirklichkeit bereits auf unvorstellbare Weise miteinander verbunden, und das ist viel wert. In den letzten Jahrzehnten ist abseits von Gesetzen und Institutionen ein reales Europa aus Millionen von Kontakten und Netzwerken entstanden, das Europa, das Hans Magnus Enzensberger als das Europa der Notizbücher umschreibt: eine Vielzahl an Taschenkalendern mit Telefonnummern vom Stuckateur in Polen, dem Portier eines kleinen Hotels im dänischen Odense und der heimlichen Geliebten in Amsterdam – lauter Adressbüchlein, in denen es von Ferienhäusern in Kent, Geschäftspartnern in Oslo, Enkeln in Barcelona, Kontonummern in Brüssel, Übersetzern in Bonn, Freunden in Rom, Lehrern in Novi Sad, Kollegen in Budapest, Winzern in Beaune und vielen mehr nur so wimmelt.

Was auch immer geschehen mag, dieses Europa nimmt uns keiner mehr.

Berlin/Amsterdam,
Dezember 2011–Juli 2012